子どもたちが望む 「家庭的支援」

児童自立支援施設の職員と子ども調査から

［編著］

野田正人　相澤　仁
岩田美香　板倉香子

序

児童自立支援施設と家庭的支援

岩田美香・野田正人

1．家庭的支援を検討すること

　本書は、社会的養護における「家庭的支援」について、児童自立支援施設を通して考察するものである。社会的養護では、「子どもの権利条約」批准以降の流れを受けた 2016 年の児童福祉法の改正、その理念を達成するための「新しい社会的養育ビジョン（2017 年）」が示されている。ビジョンでは、具体的な数値目標や目標達成の期間も明示されたこともあり、児童福祉施設諸団体をはじめとして、様々な意見が出されている（浅井・黒田 2018、辰巳 2018、北川 2020 など）。

　本研究グループメンバによる研究がスタートしたのは、それよりも先の 2014 年であり、当初の問題関心は、「家族が多様化しているなか、社会的養護における『家庭的支援』『家族的支援』とは何であるのか」について考えてみよう、というものであった。児童自立支援施設は、歴史的に、家族援助の象徴ともいえる夫婦制による支援を展開してきた施設であり、そこでの実践から分析することとした。

　一方、社会学からは、「家庭的」ありきで議論が展開されていることについて、実子主義的かつ家族主義的な子育てを上位に置いているとの疑義も出され（藤間 2013、土屋 2014、野辺・松木・日比野・和泉・土屋 2016 など）、それに対するリプライも記されている（武石・山縣 2020）。児童養護施設に対して、より「家庭的」な場所となることが求められ、また里親委託が施

設よりも「家庭的」であることから推奨されるなど、実親以外による子どもへのケアが家族になぞられていることについての問題提起である。子育て支援策においては、家族だけに任せず家族を開いていくという考えで家族を相対化していくにもかかわらず、社会的養護に繋がる子どもたちについては「家族的」「家族で」が前提とされているという矛盾について考える契機を与えてくれている。

　こうした社会的養護施策全般にわたる「家庭」や「家族」のとらえなおしの重要性を認識しつつも、本書では児童福祉施設、とりわけ児童自立支援施設における「支援」に限定して、家庭的と言われる支援（藤間〔2013〕が指摘するように、新たな語彙の獲得が必要になるのかもしれないが……）の検討を行っていきたいと思う。

2．児童自立支援施設の特徴と研究の意義

（1）児童自立支援施設とは

　児童自立支援施設は、児童福祉法第44条に「不良行為をなし、又はなすおそれのある児童及び家庭環境その他の環境上の理由により生活指導等を要する児童を入所させ、又は保護者の下から通わせて、個々の児童の状況に応じて必要な指導を行い、その自立を支援し、あわせて退所した者について相談その他の援助を行うことを目的とする施設とする」と規定されている。保護者のもとを離れて措置される施設であり、保護者の下から通わせてということも示されてはいるが、全国的に、その例はほとんど見られない。入所を原則とするという点で社会的養護の一つである。この施設の特徴として、単なる養護のニーズとは異なり、非行傾向が認められるか、家庭環境などの理由から生活指導等を必要とするとも定められており、児童に対する行動変容や、家庭での経験の修正的機能を求められているという点があげられる。そこには、あくまで小規模の集団を前提に、矯正や刑罰とは異なる、家庭的要素を前提とした生活の場を通して自立に向けた営

みが行われているのである。

　設置主体としては、国立が男女の２施設、社会福祉法人立が２施設、他
は自治体つまり公立が 54 施設の合計 58 施設がある。入所経路は、他の児
童福祉施設と同じく、都道府県知事の措置によるが、他に少年法に基づき、
家庭裁判所の審判により送致されてくるものも２割程度存在するのが特徴
である。もっとも家庭裁判所からは児童養護施設への送致もあり得るが、
実際の例は近年ほぼないため、審判による送致は児童自立支援施設の特徴
といえる。

（２）児童自立支援施設の変遷

　児童自立支援施設は、制度上 1900（明治 33）年制定の感化法による感化
院に始まり、1933（昭和８）年には少年教護法下で少年教護院となり、戦
後の 1948（昭和 23）年から児童福祉法で教護院とされ、1998 年に児童福
祉法改正をうけて児童自立支援施設となった系譜をもつ。この感化院制度
を進めた中心人物であり「感化事業の父」とも評される留岡幸助は、感化
法制定の前年の 1899 年、私設感化院として東京に「家庭学校」を開設し
ている。この名称にわざわざ家庭とつけたことには、彼なりの思いがあり、
それは感化などという教育の原則とは異なる理念を標榜するのではなく、
「家庭にして学校、学校にして家庭たるべき境遇に於いて教育する」とい
う理想を名前に託し、「同一の場所に家庭及び学校が共存する」ものを設
けたのである（留岡 1901）。そのため、同施設の基本的規則である家庭学
校概則には、この施設の名称を家庭学校とし、運営について「家族制度に
由りて生徒を家庭的愛情の裡に薫陶するものとす」と明示している。また
その家族制度の内容は、生活単位を校舎ではなく家族と呼び、家族長の男
子と主婦を置く。また補助主婦もおき、この女性職員たちの存在が重要だ
と指摘する。

　留岡は、1914 年北海道に家庭学校の分校をつくり、寮舎の運営を実際
の夫婦に任せている。このような方針は、その後の感化院の拡大において

も大きな影響を与えたと考えられるが、二井仁美の研究では、1927 年 3 月時点で感化院 59 施設（朝鮮、台湾各 1 を含む）のうち、寮舎形態の判明している感化院 54 施設において、家族舎は 41 施設、折衷型は寄宿舎との合同型も 6 施設を数え、寄宿舎形態だけで運営する施設はわずか 7 施設に過ぎない（二井 2010）。つまり、運営形態の判明している施設の 9 割近くが家族舎をもっていたのである。以来この施設は、夫婦小舎制あるいは小舎夫婦制と呼ばれる、実際の夫婦による運営を主流として営まれてきた。もっとも、その形態をとらない、あるいはとれない施設もあり、法制度上夫婦であることが条件とされたわけではなく、実質的な運営の形態として夫婦制が多く維持されてきた。そのため教護院時代は、教護・教母と呼ばれる職員が指導にあたり、1998 年の改正以降は、児童自立支援専門員と児童生活支援員に職員の名称が変更されているが、必ず女性を含む指導形態は変わっていない。

　なお非行の第 3 のピークと言われた 1983 年以降、日本の少年非行は激減しているが、ほぼその時期から全国の教護院で入所児童の定員に対する割合が 4 割程度と低水準で推移するようになり、空きの目立つ施設となっている。また、それと重なるように小舎夫婦制を維持していた施設が、つぎつぎと交替制に変更され、今日では夫婦制は圧倒的に少数派になっている。その理由は施設によって区々ではあるが、主として公務員の勤務条件としてあまりに長いという労働形態の問題と、実際に夫婦でこのような施設に勤務してくれる人材の確保が非常に困難である、ということが大きな理由と考えられる。今日では、全体の 3 割程度の施設で小舎夫婦制が維持されているに過ぎない。しかし、そのような状況ゆえに、残された夫婦制の当事者は、そのあり方を常に意識した実践をつづけているということができる。

（3）児童自立支援施設を研究するということ

　本研究が、児童福祉施設全体を対象とせず、児童自立支援施設に注目す

ることの特徴や意義としては、前述の通り留岡幸助以来120年にわたり、児童自立支援施設が家庭機能を強く意識し、実際の夫婦による家庭養護が実践された系譜を有するということにつきる。加えて単に養護ニーズだけでなく、児童福祉法第44条が求める非行、生活指導関連の課題を、家庭機能を意識した自立支援として展開しており、その着眼点の特徴などが見いだせる。また近年の児童自立支援施設は、入所児童の変化と支援の困難化、学校教育の導入と連携の課題などを背景に画期を迎えており、その点では本研究が児童自立支援施設についても意義あるフィードバックを行うことが期待できる。

さらに児童福祉施設入所児童の特性に目を向けると、平成30年2月現在で障害や発達に課題をもつ児童は、児童自立支援施設で61.8%、児童養護施設で36.7%となっている。また子どもたちを支援していくなかで特に留意している点として、「精神的・情緒的な安定」という回答が、児童自立支援施設で64.6%、児童養護施設で60.2%となっており、いずれも高い値を示している（厚生労働省 2020）。これまでも、児童養護施設での養育が困難な児童について、児童自立支援施設への措置変更がみられた（野口他 2018）ように、児童自立支援施設は、より困難性の高い児童を引き受けてきた経緯がある。今後は、社会養護全体における里親委託の推進により、他の児童福祉施設にも、さらに高い専門性が求められるであろう。その際、本研究における児童自立支援施設での考察が、他の児童福祉施設における家庭的養育と専門性についての示唆を提供するものと思われる。

3．本書の構成と用いる調査について

（1）本書の構成

以下、本書の構成について説明していく。

施設内における職員と入所児童への調査の検討について、両者の意見の相違について概観した「1章：職員と子どもからみた家庭的支援」、職員

の施設内での役割や配属希望の違いによる検討を行った「2章：施設における職員の特徴からみた家庭的支援」、そして子どもたちの声（回答）を中心に分析を行った「3章：子どもからみた児童自立支援施設での生活」と続いている。

さらに前述した児童自立支援施設の特徴をふまえ、夫婦制と交替制による考察を行った「4章：施設形態の違いからみた家庭的支援」、家庭や家族それ自体がジェンダーバイアスを受けやすい集団であることから、職員と子どもの性別による分析を行った「5章：ジェンダーと家族からみた家庭的支援」と展開した。

あいだに、より現場に近い声をコラムとして、「コラム1：家庭的支援について考え、思いついたこと」と「コラム2：月日の流れの中で、子どもたちから学んだこと」の2本を設けた。

最後に各章の結果を受けて、編集担当者である野田・相澤・板倉・岩田による対談を実施し、「終章：家庭的支援をめぐって」にまとめた。

また、夫婦制の名称における「夫婦小舎制」と「小舎夫婦制」について、歴史的経緯も含めて「補論：消えゆく『夫婦小舎制』にこだわって」として考察を加えた。

本書における分析や考察を通して、子どもが望む支援、子どもたちの気持ちに応えていく支援を目指していくことの大切さを再認識することができた。そうした思いをこめて書名も『子どもたちが望む「家庭的支援」——児童自立支援施設の職員と子ども調査から』としている。

（2）本書で用いる調査について

本書の各章では、執筆者の関心に応じたデータや資料が用いられて論じられているが、大部分は「社会的養護における『家庭的』支援の検討——児童自立支援施設からの考察」（平成26〜28年度科研費：基盤研究B）において行った調査を用いている。

以下、上記の科研における4つの調査概要について記しておく。

【調査1】 もと寮長・寮母として寮舎担当していた方へのヒアリング調査

・調査の手続き：全国児童自立支援施設協議会退職者交流会の協力を得て、スノーボール・サンプリングにより協力者を得た。

・調査対象：もと寮舎を担当されていた者14名（男性寮長8名、女性寮長6名）。

・調査方法と調査時期：半構造化面接によるヒアリング調査で2015年1〜5月に実施した。

・調査内容：①フェイスシート、②寮舎をもつことになった経緯、③社会的養護における「家庭的」支援について、④寮長・寮母としての裁量や寮長・寮母に任されていたこと、⑤小舎夫婦制についての意見、⑥社会的養護のあり方について

【調査2】 現職の職員へのアンケート調査

・調査の手続き：全国児童自立支援施設協議会の承認を得て、全国58施設に対して1,457票（個別封筒による調査票）を配布し、56施設から1,218票を回収した（回収率83.6％）。このうち有効回答である1,213票を対象とした。

・調査対象：現在、児童自立支援施設に勤務している職員1,213名。男性737名、女性464名（無回答12名）。夫婦で寮を担当している154名、担当していない775名（無回答8名）。男子寮担当558名、女子寮担当308名（無回答71名）。⇒寮担当者への質問のため合計は1,213名に満たない。

・調査方法と調査時期：施設を通してのアンケート用紙の配布と回収。2015年6月実施。

・調査内容：①フェイスシート、②現在の業務、③担当する寮の子どもの状況、④児童自立支援施設における「家庭的支援」について、⑤小舎夫婦制について、⑥社会的養護における小規模化・家庭的支援の推進について

【調査3】 現職の職員へのヒアリング調査

・調査の手続き：4施設（夫婦制2施設、交替制2施設）の協力を得て、施設職員19名に対して実施した。

・調査対象：現職の施設職員。内訳は、職員経験5年未満（男女各4名）、職員経験10年以上（男女各4名）、課長職3名。

・調査方法と調査時期：半構造化面接によるヒアリング調査、2016年7〜12月実施。

・調査内容：①フェイスシート、②寮舎をもつことになった経緯、③社会的養護における「家庭的支援」について、④施設担当（寮長・寮母）としての裁量について、⑤「小舎夫婦制」についての意見、⑥寮での指導と「男性性・父親らしさ」「女性性・母親らしさ」、⑦個別支援と集団生活のバランスについての考えと実践

【調査4】 入所児童へのアンケート調査

・調査の手続き：全国児童自立支援施設協議会の承認を得て、全国58施設に対して1,359票（個別封筒による調査票）を配布し、50施設から1,055票を回収した（回収率77.6％）。

・調査対象：現在、児童自立支援施設に入所している児童1,055名。男性750名、女性287名（無回答18名）。夫婦制528名、交替制493名（無回答34名）。

・調査方法と調査時期：施設を通してアンケート用紙の配布と回収した。2016年11月実施。

・調査内容：①フェイスシート、②希望する寮の規模と年齢構成、③寮での生活しやすさと現状、学校での過ごしやすさと現状、④児童自立支援施設の支援の内容と評価、⑤施設入所前の生活と今後の生活について

　最後に、上記の調査にご協力いただいた全国の児童自立支援施設の職員・児童のみなさま、そして調査の後援をいただいた全国児童自立支援施

設協議会に感謝申しあげるとともに、2019 年に本書の企画を立てたにも
かかわらず、出版がここまで遅れてしまったことを、関係者のみなさまに
改めてお詫びしたい。

【引用・参考文献】
浅井春夫・黒田邦夫（2018）『〈施設養護か里親制度か〉の対立軸を超えて――「新しい
　　社会的養育ビジョン」とこれからの社会的養護を展望する』明石書店
岩田美香（研究代表）（2016）『社会的養護における「家庭的」支援の検討――児童自立
　　支援施設からの考察－2015 年度調査報告書』
岩田美香（研究代表）（2017）『社会的養護における「家庭的」支援の検討――児童自立
　　支援施設からの考察－2016 年度調査報告書』
北川清一（2020）『ソーシャルワーカーのための養護原理――小規模化・家庭的養育をど
　　う捉えるか』ミネルヴァ書房
厚生労働省子ども家庭局（2020）『児童養護施設入所児童等調査の概要（平成 30 年 2 月 1
　　日現在）』
武石卓也・山縣文治（2020）「社会的養護施策の推進における家庭養護観の検討――家族
　　社会学研究からの批判を踏まえ」『人間健康学研究』pp.97-108。
辰巳隆（2018）「新しい社会的養育ビジョンにおける一考察――児童養護施設の元職員と
　　して」『教育学論究』10、pp.69-77。
土屋敦（2014）『はじき出された子どもたち――社会的養護児童と「家庭」概念の歴史社
　　会学』勁草書房
留岡幸助（1901）『家庭学校』警醒社　p.68
藤間公太（2013）「子育ての脱家族化をめぐる『家庭』ロジックの検討――社会的養護に
　　関する議論を手がかりに」『家族研究年報』第 38 号、pp.91-107。
二井仁美（2010）『留岡幸助と家庭学校』不二出版　pp.22-23
野口啓示・石田賀奈子・伊藤嘉余子（2018）「社会的養護における措置変更に関する実態
　　調査――子どもの発達に伴う措置変更と子どもの行動上の困難さによる措置変更と
　　の比較からの考察」『子ども家庭福祉学』（18）pp.81-94。
野辺陽子・松木洋人・日比野由利・和泉広恵・土屋敦（2016）『〈ハイブリッドな親子〉
　　の社会学――血縁・家族へのこだわりを解きほぐす』青弓社

子どもたちが望む「家庭的支援」
——児童自立支援施設の職員と子ども調査から

目　次

第3章　子どもからみた児童自立支援施設での生活

新藤こずえ

コラム2　月日の流れの中で、子どもたちから学んだこと　梶原　敦　97

第4章　施設形態の違いからみた家庭的支援　相澤　仁

第5章　ジェンダーと家族からみた家庭的支援

栗田克実・岩田美香

終章　家庭的支援をめぐって

野田正人・相澤 仁・岩田美香・板倉香子

補論　消えゆく「夫婦小舎制」にこだわって　家村昭矩

おわりに──保護的・補償的体験を視点にして　相澤 仁　221

第 1 章
職員と子どもからみた家庭的支援

板倉香子

1. はじめに

（1）「家庭的支援」の検討のために

　児童養護施設等の社会的養護の課題に関する検討委員会・社会保障審議会児童福祉部会社会的養護専門委員会（厚生労働省）が 2011 年にまとめた「社会的養護の課題と将来像」において「家庭的養護」の推進が謳われ、施設養護の現場では、子どもたちに家庭的な養育環境を提供すべく日々実践が重ねられている。施設における「家庭的支援」を考えるとき、そこには支援者である職員と、支援を受ける子どもの 2 つの視点が交差する。職員による「家庭的支援」は、子どもたちにはどのように受けとめられているのだろうか。また、子どもたちが欲している支援とはなにか、それは「家庭的支援」とどのように結びつき、重なり合っているのだろうか。児童自立支援施設の職員と、施設に入所している子どもたちのそれぞれを対象とした 2 つの調査結果を比較することを通して、施設における「家庭的支援」について検討する。

（2）分析に用いた調査

　本章で用いる調査は、本書の「序」においてその概要を示している【調

表1　分析に用いた支援項目

1	一緒に遊ぶ
2	一緒に食事を作る
3	一緒に買い物に出かける
4	子どもと一緒の入浴
5	個別に勉強をみる
6	個別に対話の時間をもつ
7	病気の時の看病
8	手づくりのおやつ
9	優しい言葉かけなど愛情表現
10	花を飾る

査1】【調査2】【調査3】【調査4】の4つの調査である。また、アンケート調査である【調査2】と【調査4】については、両調査共通の支援項目[1]のうち、表1にまとめた10項目を分析に用いた。これらの項目について、【調査2】については「（支援の）実施有無」「（支援を）重要だと思うか」「（支援を）家庭的だと思うか」の3点、【調査4】からは「（支援の）実施有無」「（支援を）うれしいと思うか」「（支援を）家でやってほしかったか」の3点の結果を主に用いる。なお、本稿では、【調査4】の結果のうち「うれしいと思うか」「家でやってほしかったか」の2点については、子どもたちが、その入所する施設でそれぞれの支援を「やっている」と回答したケースのみを取り出し[2]、集計したものを分析に用いている。

2．子どもとの関わり——子どもを尊重する支援

（1）一緒にするケア

　【調査4】の結果から、子どもたちがその入所する施設で実施されていると回答した支援のうち、「うれしい」と感じる割合が高かったものが「一緒に遊ぶ」「一緒に買い物に出かける」「一緒に食事を作る」といった、職員と「一緒にするケア」であった（表2）。これらのケアについては、職員も「重要」で「家庭的」な支援だと考えていることが、【調査2】の結果からうかがえる（表3）。

　たとえば「一緒に遊ぶ」については（表2）、88.8％の子どもが「うれしい」と回答し、「一緒に食事を作る」は73.4％の子どもが、「一緒に買い物に出かける」については86.8％の子どもが、「うれしい」と回答している。

表2　うれしいと思うか：一緒にするケア【調査4：子ども】（単位：%）

	そのケアを寮で「やっている」と回答した子ども		
	うれしい	うれしくない	わからない
一緒に遊ぶ	88.8	2.2	9.1
一緒に食事をつくる	73.4	7.6	19.1
一緒に買い物に出かける	86.8	3.7	9.5

表3　一緒にするケアの実施率・重要か・家庭的か【調査2：職員】（単位：%）

	実施率	重要だと思う	家庭的だと思う
一緒に遊ぶ	92.8	97.7	96.5
一緒に食事をつくる	72.3	96.7	96.0
一緒に買い物に出かける	81.7	91.3	92.3

表4　家でやってほしかったか：一緒にするケア【調査4：子ども】（単位：%）

	そのケアを寮で「やっている」と回答した子ども		
	思う	思わない	わからない
一緒に遊ぶ	59.2	16.7	24.1
一緒に食事をつくる	61.4	16.0	22.6
一緒に買い物に出かける	63.9	12.6	23.5

そして、そのそれぞれについて、職員の9割以上が「家庭的」であると回答している（表3）。

　入所する子どものなかには、家庭で暴力を振るわれるなど、大人との安定した関係性を築くことがかなわなかった者も多い[3]。児童自立支援施設においては、「with の精神」[4] に基づき、職員が子どもとともに作業し、遊び、生活していくことを重視している。大人がじっくりと自分と関わってくれる事実が、子どもとの信頼関係を築くひとつの礎となるのだろう。

　【調査4】では、それぞれの支援項目について「家でやってほしかった」と思うかどうかについてもたずねている。表4は、「一緒に遊ぶ」「一緒に食事を作る」「一緒に買い物に出かける」のそれぞれについて、そのケアを「（寮で）やっている」と回答した子どものうち、家でやってほしかったと「思う」「思わない」「わからない」の割合を示したものである。

いずれも6割前後の子どもが家でやってほしかったと回答している。【調査2】では、これらを家庭的な支援と捉える職員の割合が9割を超えており（表3）、子どもが家でやってほしかったと思う項目が、家庭的な支援として実践されていることがわかる。

（2）入浴支援——生活支援と子どもとの関係づくり

「一緒にする」行動でも評価が分かれる支援がある。「子どもと一緒の入浴」である。児童自立支援施設に入所する子どものなかには、入浴して洗髪するなどの基本的な生活習慣が身についていない子どももおり、その場合には技術的な支援として入浴支援が必要とされる。一方、そうした生活支援としてではなく、子どもとの関係性を築くための「入浴」という実践がある。もと職員へのヒアリングで聞かれた「新しい入所児童とは必ず一緒にお風呂に入る」支援がそれである（表5）。ここでいう「子どもと一緒の入浴」とは、「一緒に行う」ことを通して、子どもと心を通わせる関係を紡ぐためのものであり、子どもとの仲間意識や信頼関係を構築する手段としての入浴であろう。

この実施率には子どもの性別による違いがある。表6にあるように、【調査2】では、男子寮では49.9％が実施しているのに対して、女子寮では19.7％、【調査4】では、男子のほうが34.4％であるのに対して、女子は20.8％である。また、【調査2】では、子どもと一緒の入浴を「家庭的である」と考える職員の割合は、男子寮では69.1％であったのに対し、女子寮では53.8％にとどまった[5]。以上のことから、子どもと一緒の入浴を「家庭的」だと考え実施する職員が、男子寮の担当者に多いことがわかる。男同士が背中を流し合う、そのようなつきあいのなかから、子どもとの良好で親密な関係性を構築しようと実践されてきたのだろう。

しかし、「子どもと一緒の入浴」を「重要」だと考える職員の割合は56.9％、「家庭的」と考える職員は62.9％にとどまった。また、【調査4】では、「お風呂に一緒に入ってくれる」支援を「うれしい」と感じる子ど

表5　寮舎における家庭的支援で大切にしていたこと【調査1：もと職員】

もと職員 （ヒアリング）	・おふろに入るのもいっしょ（一緒に…with の精神） ・子どもが初めて施設にきたとき、一番風呂を新入生と一緒に入るようにしていた。（施設に）好きでくる子どもはいない。でも、一生のつきあいになるかもな、と。背中を流す。

表6　「子どもと一緒の入浴」男女別実施率（単位：％）

	男子寮／男子	女子寮／女子	p
【調査2】現職員	49.9	19.7	***
【調査4】子ども	34.4	20.8	***

＊＊＊：p<.001

表7　うれしいと思うか：お風呂に一緒に入る【調査4：子ども】（単位：％）

	そのケアを寮で「やっている」と回答した子ども		
	うれしい	うれしくない	わからない
お風呂に一緒に入ってくれる	46.1	24.7	29.2

もの割合は 46.1％で、「うれしくない」と回答する子どもは 24.7％であった（表7）。職員と一緒に入浴する経験をした子どものうち、半数近くは「うれしい」と回答しているが、他の支援項目に比べればその割合は低く、「うれしくない」と感じる子どもの割合は他と比べると高い[6]。子どもと一緒の入浴は、表5で見たように、もと職員へのヒアリングでは重要な支援として語られているが、現在では、児童自立支援施設の入所児童がかかえる課題や背景も変わり、ケアのありようも異なってきている。施設内での性暴力防止の観点から、子ども同士であっても、一緒ではなく個別に入浴している施設もある。今後は、子どものニーズに合わせて、家庭的支援としての「一緒の入浴」から、生活技術を伝える「入浴支援」へと変化していくのではないだろうか。

（3）個別に対応すること

　ここでは、「個別に勉強をみる」「個別に対話の時間をもつ」を取り上げて、子どもに個別的に対応する支援について見ていく。表8によれば、

表8　うれしいと思うか：個別的な対応【調査4：子ども】（単位：%）

| | そのケアを寮で「やっている」と回答した子ども | | |
	うれしい	うれしくない	わからない
個別に勉強をみる	82.3	5.3	12.5
個別に対話の時間をもつ	78.3	5.8	15.8

表9　個別的な対応の実施率・重要か・家庭的か【調査2：職員】（単位：%）

	実施率	重要だと思う	家庭的だと思う
個別に勉強をみる	76.8	93.8	83.7
個別に対話の時間をもつ	94.3	99.2	96.5

「個別に勉強をみる」ことについて、「うれしい」と感じる子どもの割合は82.3%で8割を超えている。【調査4】の自由記述にも、「勉強もわかりやすく教えてくれるからうれしい」といった回答が見られた。

　職員はどうとらえているだろうか。【調査2】の結果からは、「個別に勉強をみる」ことについて、93.8%が「重要」だと考え、83.7%が「家庭的」だと考えていることがわかる（表9）。実施率は7割半程度であるが、家庭で保護者が子どもの勉強をみるように、入所する子どもたちの勉強をみる時間を確保しようとしていることがうかがえる。

　「個別に対話の時間をもつ」ついては、表8にあるように、78.3%の子どもが「うれしい」と回答している。【調査2】でも、実に99.2%の人が「重要」だと回答し、96.5%が「家庭的」だと考え、9割以上の人が実施している（表9）。児童自立支援施設における支援のなかでも、職員が極めて重要視している支援であるといえる。

　また、もと職員や現職員へのヒアリング調査においても、個別の時間を持ったり、子ども一人ひとりへの対応を行ったという経験が語られている（表10）。

　これらの意見からも、子どもと向き合う時間をとることは、職員の側も意識して行っている支援であることがわかる。

　子どものほうも、集団のなかの一人としてではなく、自分だけを見てく

表10　個別的対応・個別的支援について【調査1：もと職員】【調査3：職員】

もと職員 （ヒアリング）	・何気ない暮らしの中に、「マジ」な場面を作る。面談をする。個別の時間を作る ・子どもを呼んで話をする。管理室ではなく、職員の居室や庭で。<u>他の子がいないところで話をした</u>（下線筆者）
現職員 （ヒアリング）	・一人一人との個別の時間をとっている。寮舎ではほとんどホールにいるのだが、そこのテーブル席でも、個別に関わりたい子、関わらなければならない子、集団に入れない子を自分の方に寄せたりしている ・毎晩9時に反省会をして、日記を書き、寝る前に、マンツーマンで自分と面接するようにしている。<u>必ず誰とでも個別に話をしている</u>（下線筆者）

表11　個別対応に関する自由記述【調査4：子ども】【調査2：職員】

子ども （自由記述）	・職員さんはちゃんと話をしてくれる ・話をきいてくれる。<u>自分をわかってくれる</u>（下線筆者） ・トラブルが起こったときに、解決できる方法を一緒に考えてくれる ・寮の先生達にもっと自分の意見を聞いて欲しいと思う
現職員 （自由記述）	・集団を小さくして、職員もある程度固定されることで、<u>見てもらえてる感、気にかけられている感を持ち</u>（下線筆者）、職員（日常関わる）が限定されることで、愛情を持ちやすくなるのでは、と思う。より細やかな、よりていねいな支援が可能になると考える。 ・「自分、1人だけを見てくれている」という思いを子ども（施設に来るような）には、抱かせてあげたい。

　れる関わりを求めている。【調査4】の子どもの自由記述では、「話をしてくれる」「話をきいてくれる」という個別的な対応をすることのほかに、「わかってくれる」「一緒に考えてくれる」のような、自分を見て理解し、一緒に歩んでくれることを求めているような記述が見られた（表11）。それは「もっと自分の意見を聞いて欲しい」といった自分を大切にしてほしい気持ちとしても表れている。

　こうした子どもの思いに呼応するように、【調査2】の現職員の自由記述では、子どもが自分を「見てもらえてる感」「気にかけられている感」を持つことの重要性が述べられている（表11）。「集団を小さく」することで、一人ひとりの子どもに目と手が行き届き、個別的対応を可能にする。職員が子どもに「『自分、一人だけを見てくれている』という思い」を抱

表 12　個別対応に関する子どもの自由記述【調査４】・現職員ヒアリング【調査３】

子ども （自由記述）	・施設の人ではなく、<u>普通の人として</u>話をしてくれる（下線筆者） ・<u>家族みたいに</u>接してくれる（下線筆者） ・児童自立支援施設は決まりは厳しい所もあるが、先生がちゃんと話を聞いてくるから、とても居やすい
現職員 （ヒアリング）	・大人を信用できないというか、裏切られたり虐待されてきた子どもたちなので、大人ってちょっとは信じてもいいんだよというのを一番に伝えたい ・絶対に見捨てられないという安心感をいつかはわかってもらいたい ・自己肯定感。そのままでいいんだよということは大事

かせたいと願い、そのように関わることが、子どもを受けとめ、尊重する支援につながっているのである。

　また、【調査４】の自由記述では、個別対応のなかでも、職員が「家族みたいに」「普通の人として」接してくれることへのうれしさについての記述が見られた（表12）。こうした意見からうかがい知れることは、個別に対応するということの奥深さと大切さである。個別の対応とは、一対一の時間を作ることばかりではなく、その子どものありのままを受けとめ、人として真剣に向き合い、寄り添うことなのではないだろうか。

3．子どもに目をかけ手をかける支援

（1）大人に「手をかけてもらう」経験

　ここでは、「病気の時の看病」と「手づくりのおやつ」の２つの項目について見ていく。アプローチは異なるが、両者とも、職員が子どもに「手をかける」支援だと考える。

　「病気の時の看病」については、84.3％の子どもが「うれしい」と回答し（表13）、62.4％の子どもが「家でやってほしかった」と回答している（表13）。家庭に病気の子どもがいれば、その看病をするのはまずは家族など家庭内にいる身内であり、そうしたケアは実に家庭的であると考えられるだろう。「家でやってほしかった」と回答する子どもが多いというこ

表13　うれしいと思うか・家でやってほしかったか：職員がしてくれるケア【調査4：子ども】（単位：%）

| | そのケアを寮で「やっている」と回答した子ども | | | | | |
| | うれしいと思うか | | | 家でやってほしかったか | | |
	うれしい	うれしくない	わからない	そう思う	そうは思わない	わからない
病気の時の看病	84.3	3.5	12.2	62.4	12.6	25.0
手作りのおやつ	88.9	3.2	7.9	62.1	13.8	24.2

表14　職員が手をかけるケアの実施率・重要か・家庭的か【調査2：職員】（単位：%）

	実施率	重要である	家庭的だと思う
病気の時の看病	88.5	90.8	93.2
手づくりのおやつ	66.1	85.7	89.9

とは、そうしたケアの経験が少ないことの裏返しかもしれない。こうした子どもの気持ちに応じ、職員も「家庭的」（93.2％）であると考えて実践している（表14）。

「手づくりのおやつ」については、「うれしい」と回答した子どもは88.9％で、「病気の時の看病」よりやや高い割合を示した（表13）。【調査2】では、「家庭的」であると考える職員が89.9％、「重要」だと考える職員が85.7％であった（表14）。多くの職員が「家庭的」で「重要」だと捉え、子どもが喜ぶ支援である。なぜ子どもが「うれしい」と感じるのか。「おやつを手づくりする」という行動が、自分のために手をかけてくれるということを象徴的に示しているからではないだろうか。また、表13にあるように、62.1％の子どもが「家でやってほしかった」と回答している。子どもにとって「家庭的」ととらえ得る支援であることがわかる。現職員のヒアリングでは「夫婦制であれば、寮母さんがケーキを焼くなどもっと家庭的な部分が出せるのだが」という意見が聞かれた。寮母の姿が一般家庭でケーキを手づくりする母親の姿と重なり、「家庭的」という印象をもって語られたのだろう。このように、手づくりのおやつを提供することは、家庭的な支援として子どもと職員に認識されていることがうかがえる。

表15 「手づくりのおやつ」支援形態別実施率【調査2：職員】【調査4：子ども】（単位：%）

	夫婦制	交替制	p
【調査2】 現職員	85.3	63.5	***
【調査4】 子ども	72.9	43.4	***

＊＊＊：p<.001

　しかし、【調査2】における現職員の回答では、実施率は66.1％にとどまった（表14）。これを寮舎担当職員の支援形態である「夫婦制」[7]と「交替制」のそれぞれで集計すると、夫婦制のほうが実施率が高い。表15は、実施率に関する【調査2】と【調査4】それぞれの回答を、支援形態別にクロス集計したものである。【調査2】の現職員の回答では、交替制では実施率が63.5％であったのに対して、夫婦制では85.3％と8割半にのぼっている。【調査4】の子どもの回答でも、交替制での実施率は43.4％であったのに対して、夫婦制では72.9％を占めた。

　一方で、夫婦制の職員も交替制の職員も、9割から9割半の人が「手づくりのおやつ」は「家庭的」な支援だと考えており、支援形態による差はない[8]。支援形態による実施率の差は、家庭的かどうかという考え方の違いではなく、たとえばおやつを手づくりすることのできる職員がいない、予算の問題、など他の要因が関係しているのではないだろうか。

（2）「目をかけてもらう」経験——愛情のこもったかかわり

　次に、子どもが大人に「目をかけてもらう」経験のひとつとして「優しい言葉がけなどの愛情表現」について見ていく。相澤は、社会的養護において、養育者・支援者が「日常生活の中で子どもと愛情のこもった適時適切なコミュニケーションや一貫性のある安定したかかわり」（相澤2014）をもつことが必要だと述べている。なぜなら、社会的養護を必要とする子どもの多くが「関係性の栄養失調状態」（前掲書）であり、多くの子どもが「人間関係において不安定感（不安感、恐怖感）、不信感、不満感などを抱えている」（前掲書）からである。愛情のこもったコミュニケーションにより、「安定感（安心感・安全感）・信頼感・満足感という『関係性の三

表16 「優しい言葉がけなどの愛情表現」について【調査2：職員】【調査4：子ども】（単位：%）

【調査2】現職員			【調査4】子ども	
実施率	重要である	家庭的だと思う	実施率	うれしい
89.0	97.7	96.3	55.7	83.4

表17 職員の姿勢・態度、関係性等に関する自由意見1【調査4：子ども】

・担当に思ってること全部言えない
・怖い。怒られそうで
・職員うるさい／職員うざい
・悩んでても言えないことは言えないし、大事なことでも言いづらい
・もっと自分の事を分かってくれる先生が欲しいと思う

大栄養素』」（前掲書）を子どもが取り込んでいくことが重要であるとしている。

　このような愛情のこもったコミュニケーションを指すものとして、【調査2】【調査4】で「優しい言葉がけなどの愛情表現」についてたずねた結果を見てみよう（表16）。【調査2】では「重要」だと考える職員の割合は97.7％と高い値を示し、「家庭的」であると考える職員は96.3％にのぼった。そして、それを「うれしい」と感じる子どもの割合も83.4％と高い。しかし、実施率には職員と子どもの割合に差が見られる。【調査2】では実施率は89.0％であったが、【調査4】では55.7％であった。【調査4】における子どもが回答する実施率（「〔寮で〕やっている」と回答した割合）は全体的に低めに出る傾向にあるものの、この項目についてはその差が大きい。子どもと職員との間にある認識の差が、こうした違いとなって表れたのではないだろうか。すなわち、職員は愛情をかけていると思っていても、子どもにはそれが感じ取れていないということである。

　子どもの自由記述では、職員の支援に対する不満の声が多く見られた（表17）。職員のかかわりを「うざい」「うるさい」「怖い」などと拒絶するような表現である。

　これらの意見は、施設職員という「大人」と自分の関係を、これまで出会ってきた大人との関係性の延長線上に置き、不信感や不安感をあらわに

しているように感じられる。子どもが施設に入所する前の家庭生活を振り返って述べた自由記述のひとつに、以下のような意見がある。

　　　家では夜の町をうろついてたり、ケンカの毎日で、親とのケンカ、言
　　い合いもひどかったし、大人、特に学校の先生はキライだった【調査4：
　　子ども】

　これは、親や学校の教員などの大人との関係性が良くなかったことを示唆する意見である。【調査4】では、家族との生活の満足度をたずねているが、満足していなかったと回答した子どもは44.5％であった[9]。その理由として「家庭に争いごとがある」（64.1％）、「親（親にかわる人）が自分に厳しい」（46.7％）、「親（親にかわる人）が自分を理解してくれない」（54.3％）などを挙げる子どもの割合が高かった。それまでの家庭生活において大人に向き合ってもらえなかった子どもがいることがうかがえる。表17にあるような子どもからの不満の声は、「自分を見てほしい」「大切にしてほしい」という気持ちの表れとして捉えなおすことが肝要だろう。

　そうしたニーズに対して、職員は愛情表現を重視し、実践している。現職員へのヒアリング調査では、「あきらめず愛情を注ぎつづける」という声が聞かれた（表18）。「我が子のように」愛情を注いで愛着関係を築き、子どもが「大事にされている」という感覚をもてるように関わり続けている。

　このような地道な関わりが、子どもの「うれしい」気持ちにつながるものと考えられる。その変化を示す子どもの記述が表19である。表面的な優しさだけではなく、その子どもの成長を支える指導にもうれしさを感じていることがうかがえる。

　2008年に児童自立支援施設協議会が実施したアンケート調査[10]を分析した小柳は、「見守りや受容といったことは、子どもたちの変化にとって重要なことでありながら、子どもにとって在籍期間中や出てすぐの段階で

表18　家庭的支援で外せないと思うこと【調査3：現職員ヒアリング】

・あきらめず愛情を注ぎ続ける
・子どもと職員の間での愛着関係。子どもたちを我が子のように
・子どもたち自身の課題に向き合ってくれる大人がそばにいるということを実感させたい
・自分が受け入れられて、大事にされているとわかる寮が理想

表19　職員の姿勢・態度、関係性等に関する自由記述2【調査4】

・外の人と違って、間違えてもすぐに裏切らない
・学園は先生達みんな優しい
・とても優しく、厳しく指導してくれてうれしい
・施設の職員は相談に応じてくれたり、物事のやり方を教えてくれたりして、本当に頼れる。失敗した時も怒ってくれて、それで日記で反省してコメントなどを書いてくれて自分と向き合える。
・自分の弱いところを教えてくれて、それがあるから、自分は前にいた所の自分より、全然良い自分になれました。
・僕は児童自立支援施設に来て間違いはなかったと思います。住みやすいし、話をきいてくれる、自分をわかってくれる、などなど

は認識しにくいもの」（小柳 2014）だと指摘している。また、「子どもが短期的に求めるものではなく、より長期的視点で必要とされるものを見極め、支援を行っていく姿勢が求められる」（前掲書）とも述べている。施設でのケアは短期にならざるを得ないが、施設退所後の自立を見据え、子どもと向き合い愛情を注ぎ続ける地道なかかわりが、子どもに「うれしさ」の実感と成長をもたらすのであろう。

4．施設の雰囲気づくり──環境を整えて迎えること

「児童自立支援施設運営ハンドブック」では、緊張した状態で入所してくる子どものために、「できるだけ温かく緊張感を解きほぐす雰囲気で対応」（厚生労働省雇用均等・児童家庭局家庭福祉課 2014）することを求めている。子どもが新たな生活の場となる施設の寮舎に足を踏み入れたときに、その子どもを迎え入れる環境、家庭的なあたたかみを感じられる環境に整えておくことは、支援の開始期から重要となる。また、施設入所時のみな

表20　うれしいと思うか：花を飾る【調査4：子ども】（単位：%）

	そのケアを寮で「やっている」と回答した子ども		
	うれしい	うれしくない	わからない
花を飾る	49.8	12.2	38.0

表21　家庭的支援で外せないと思うこと〈雰囲気づくり〉【調査3：現職員ヒアリング】

夫婦制	・雰囲気づくり。家具や空間にどういうものが置いてあるかとか、職員の趣向がどういう風に表れているかとか。無機質な感じではなく、飾りがあったり職員の趣味が反映されているところがあるかなど、元々は同じ建物だったかもしれないが、そこにどう味付けしているか、その人らしさを出したところに暮らしていくかといったところが、家庭的というかその家らしさではないかと思う ・子どもたちが落ち着いて、心安らかに過ごせる環境作り ・施設っぽさをいかに崩そうかという気持ちかもしれない
交替制	・寮舎に子どもたちの作った物を飾る ・子どもたちの作ってくれたものやくれたものは、指導員室や子どもたちの見えるところに飾ることは意識している ・雨で外作業ができない日などに寮の中で工作をしたり、版画など全員で一つの作品をつくるなどやって、毎年作っているので、それを飾っておく

　らず、その後の生活を営む寮舎においては「家庭的な環境としてくつろげる空間を確保する」（前掲書）ことが、支援の基本として挙げられている。こうした環境構成について、【調査2】と【調査4】では「花を飾る」という項目でたずねた。花を飾ることは、くつろぎや温かみ、家庭的な雰囲気を醸し出すひとつの方法といえる。「やっている」と回答した職員は74.3%を占めた。

　これを子どもはどのように受け止めているのだろうか。【調査4】では「やっている」と回答した子どもの割合が40.5%にとどまり、子どもからあまり認識されていないことが浮かび上がった。そのうち「うれしい」と回答した子どもの割合は49.8%で、他の支援に比べて低い割合である（表20）。「一緒に何かをする」ことや、個別的な支援、看病など「手をかけてもらう」支援とは異なり、環境を整える「花を飾る」という行為は、その環境に溶け込んでしまい、子どもには認識されにくく、また「うれしい」という感想にはつながりにくいのではないだろうか。

【調査４】の自由回答には、環境面に関する記述は見られない。それだけ認識されにくいものだということであろう。一方、表21の現職員へのヒアリングにもあるように、職員は温かみのある環境を整えるために工夫をしている。

　ここで興味深い点は、夫婦制と交替制での環境構成のアプローチが異なることである。交替制の職員の意見では、３つとも「子どもたちが作ったものを飾る」という表現がされている。一方、夫婦制の職員の意見では、飾るということに特化するというよりは、雰囲気を作る、環境をつくる、「施設っぽさ」を崩し「家庭的」「その家らしさ」を出すという言葉で表されている。夫婦制の場合には、寮舎は夫婦職員の家でもある。家庭的な演出をするというよりは、「その家らしさ」が自然に表れてくるものと考えられる。交替制の場合には、寮舎は子どもたちにとっては「家」であるが、職員にとっては「職場」である。その場合、職員は職場である施設を子どもたちのもので飾ることで、子どもたちの居場所としての寮を作ろうとしているのではないか。それが家庭的な雰囲気を作り出す方法のひとつとなっているのだろう。

　ところで、「花を飾る」ことについては、男子寮よりも女子寮での実施率が高く、女子寮の職員のほうが「重要だ」と考える人の割合が高い（表22）。「花を飾る」ことは、男子寮・女子寮のどちらでも「家庭的」であると認識されている支援ではあるが、どちらかといえば女子児童に対する支援として展開されていることがうかがえる。

　では、子どもたちの受け止め方には、性別による違いがあるのだろうか。「花を飾る」支援の有無について男女別にみると（表23）、寮で「やっている」と回答した男子は35.3％であったのに対し、女子は54.1％にのぼり、男子に比べて高い。【調査２】における職員の回答傾向と同様である。一方、花を飾ることについて「うれしい」と感じるかについては、男女ともに４割から５割程度の子どもが「うれしい」と感じる支援であり、統計的に男女の差がない。子どもの認識にはのぼりにくいものの、子どもの性

表 22　花を飾る：実施率・重要か・家庭的か【調査2：職員】（単位：%）

	男子寮	女子寮	p
実施率	66.9	86.7	**
重要である	80.5	88.5	***
家庭的だと思う	87.0	88.4	

＊＊＊：p<.001，＊＊：p<.01

表 23　「花を飾る」男女別実施率と「うれしい」の割合【調査4：子ども】（単位：%）

	男子	女子	p
実施率	35.3	54.1	***
「うれしい」と思う	53.7	42.7	

＊＊＊：p<.001

別に左右されず、花を飾ることに象徴されるような物理的な環境づくりが、「ほっとできる居場所」としての施設の家庭的な雰囲気づくりに貢献する支援だといえるだろう。

5．まとめにかえて──専門的支援としての「家庭的支援」

　児童自立支援施設は、児童養護施設とは異なり、委託（在所）期間が短い施設である[11]。入所児童は中学生が8割を占め、半数が1年未満の在所である。施設職員は、この短い期間に子どもと信頼関係を築き「育ち・育てなおし」（厚生労働省雇用均等・児童家庭局長通知 2012）を行っていく。「児童自立支援施設運営指針」では、支援の基本的な考え方を以下のように説明している。

　　子どもの発達段階や個別性などに応じた衣食住等を保障し、施設全体が愛情と理解のある雰囲気に包まれ、子どもが愛され大切にされているという実感が持てる家庭的・福祉的アプローチによって、子どもの基本的信頼感の形成、社会性の発達や基礎学力の獲得、生活自立や心理的自立の発達、アイデンティティの獲得やキャリア願望の発達など「育ち・育てなおし」を行っていく

基本的な信頼関係の構築とそれを基盤とした子どもの自己肯定感の醸成を、家庭的な日常生活を通して展開することが、児童自立支援施設における「家庭的支援」の中身なのではないだろうか。子どもと一緒に遊び、手づくりのおやつを提供する。病気になればできるだけ寮で看病し、一人ひとりと向き合いたっぷりと愛情をかけていく。「家庭的支援」としての支援メニューが先にあるのではなく、子どもの「愛してほしい」「自分を受け入れてほしい」というニーズを充足する関わりが、「手づくりのおやつ」や「愛情表現」といった「家庭的支援」として、あたりまえの日常生活のなかで展開されている。それを子どもが心地よいと感じたとき、それらを「うれしい」と表現するのだろう。これらのケアは、単に「家庭らしさ」を求めて行われているだけのものではなく、子どものアセスメントや自立支援計画に基づいた専門的支援といえるだろう。

　2017年にまとめられた「新しい社会的養育ビジョン」（新たな社会的養育の在り方に関する検討会）では、施設養育は「治療的養育を基本とすべき」（新たな社会的養育の在り方に関する検討会 2017）だとされた[12]。「新しい社会的養育ビジョン」によって、今後、里親家庭や養子縁組家庭などでの家庭養育が進められるようになると、児童福祉施設にはますます高度な専門性を求められるようになるだろう。高い専門性に裏打ちされた治療的養育としては、性加害や性被害など性行動に関する治療的プログラムの導入や、発達障害児への専門的ケアなどが想起されるが、それだけではない。安心・安全な生活環境を整えて、子ども一人ひとりに愛情をもって関わる家庭的支援もまた、治療的養育の展開には欠かせない専門的な支援だと考える。

【注】

1　調査項目は、【調査4】では29項目、【調査2】では30項目であり、両調査に共通する項目は28項目である。詳細は岩田美香（研究代表）「社会的養護における『家庭的』支援の検討──児童自立支援施設からの考察 – 2016年度調査報告書」（2017

年3月発行）を参照されたい。

2 本章で分析に用いたケース数は、支援項目ごとに以下の通りである。一緒に遊ぶ：734、一緒に食事を作る：641、一緒に買い物に出かける：754、子どもと一緒の入浴：311、個別に勉強を見る：518、個別に対話の時間をもつ：827、病気の時の看病：669、手づくりのおやつ：590、優しい言葉かけなど愛情表現：558、花を飾る：411。このように、本稿では回答の一部を取り出して集計・分析を行っているため、【調査4】の回答全体（n=1,055）を集計・分析した他章とは割合が異なる部分がある。

3 【調査4】の結果からは、家族による暴力について「いつもあった」（16.8％）と「時々あった」（37.4％）を合わせて54.2％の子どもが経験していることがわかっている。

4 「with の精神」とは、国立武蔵野学院院長であった青木延春による考え方であり、武は「職員・関係者の間では、『子どもと共に』というような理解であることがいわば一般的」だとしている（武 2018）。心理カウンセリング技法の共感との違いについて、徳永は「子どもとの共同生活に根ざした実感、あるいはそれに対する志向があるか否か」（徳永 2014）と説明している。

5 カイ二乗検定の結果、1％水準で有意である。

6 「子どもと一緒の入浴」を実施していると回答した子どものうち、それを「うれしい」と感じる子どもの割合は、男子45.6％、女子49.1％、「うれしくない」と感じる子どもの割合は、男子23.8％、女子28.1％で、カイ二乗検定の結果、男女間の統計的な有意差は認められない。

7 夫婦制とは、「小舎夫婦制」とも呼ばれ、一組の実夫婦とその家族が小舎（生活寮）に住み込み、入所児童と生活を共にするケアの形態である。全国に58ある施設のうち、小舎夫婦制を取り入れているのは18施設である。小舎夫婦制に対して、職員が交替で勤務するケア形態を「交替制」「小舎交替制」と呼ぶ。

8 「手づくりのおやつ」について、夫婦制（n=143）では「家庭的である」が94.6％、「家庭的ではない」が5.4％、交替制（n=702）では「家庭的である」が89.6％、「家庭的ではない」が10.4％である。割合差はあるが、カイ二乗検定の結果、統計的な有意差は認められない。

9 「あまり満足していなかった」21.3％と「満足していなかった」23.2％を足したものである。

10 2008年9月に全国の児童自立支援施設の子どもおよび職員を対象として実施したアンケート調査である。回答を得られたのは退所直前・直後の子ども248名と退所し

た子ども 171 名である（全国児童自立支援施設協議会 2009）。

11　児童自立支援施設の平均委託（在所）期間は 1.1 年であり、児童養護施設（5.2 年）、児童心理治療施設（2.2 年）と比べて短い。委託された子どものうち 50.1％が 1 年未満の在所期間である（厚生労働省雇用均等・児童家庭局 2020）。

12　ここでいう「治療的支援」は、「子どもたちの呈する複雑な行動上の問題や精神的、心理的問題の解消や軽減を意図しつつ生活支援を行う」ものと説明されている（新たな社会的養育の在り方に関する検討会 2017）。

【引用・参考文献】

相澤仁（2014）「児童自立支援施設運営指針と子どもの権利擁護」相澤仁編集代表、野田正人編集『施設における子どもの非行臨床——児童自立支援事業概論』明石書店 pp.59-70

新たな社会的養育の在り方に関する検討会（2017）「新しい社会的養育ビジョン」

岩田美香（研究代表）（2016）『社会的養護における「家庭的」支援の検討——児童自立支援施設からの考察‐ 2015 年度調査報告書』

岩田美香（研究代表）（2017）『社会的養護における「家庭的」支援の検討——児童自立支援施設からの考察‐ 2016 年度調査報告書』

厚生労働省（施設の小規模化及び家庭的養護推進ワーキンググループ）（2012）「児童養護施設等の小規模化及び家庭的養護の推進のために」

厚生労働省雇用均等・児童家庭局長通知（2012）「児童自立支援施設運営指針」

厚生労働省雇用均等・児童家庭局家庭福祉課（2014）「児童自立支援施設運営ハンドブック」

厚生労働省雇用均等・児童家庭局（2020）「児童養護施設入所児童等調査結果（平成 30 年 2 月 1 日現在）」

小林英義、吉岡一孝編著（2011）『児童自立支援施設の子どもと支援——夫婦制、ともに暮らす生活教育』明石書店

小柳紘介（2014）「子どもへの適切なかかわりについて‐アンケート調査をもとに」相澤仁編集代表、野田正人編集『施設における子どもの非行臨床——児童自立支援事業概論』明石書店　pp.173-180

新藤こずえ・板倉香子（2016）「児童自立支援施設における小舎夫婦制支援の検討（1）——「家庭的」支援の実践に焦点をあてて」立正社会福祉研究、第 17 巻 1・2 号

児童養護施設等の社会的養護の課題に関する検討委員会・社会保障審議会児童部会社会

的養護専門委員会（2011）「社会的養護の課題と将来像」

全国児童自立支援施設協議会（2009）「児童福祉施設における非行等児童への支援に関する調査研究報告書」

武千春（2018）『児童自立支援施設の歴史と実践──子育ち・子育てを志向する共生理念』勁草書房

徳永健介（2014）「コラム『WITH の精神』に基づく実践とは」相澤仁編集代表、野田正人編集『施設における子どもの非行臨床　児童自立支援事業概論』明石書店

家庭的支援について考え、思いついたこと

横浜市向陽学園　熊澤　健

小舎夫婦制で働くきっかけ

　私は児童自立支援施設で働き 20 年経つが、最初の 4 年間は交替制の施設で勤務した。その施設で勤務するきっかけもその当時所属していた自治体の人事異動によるものだった。

　時間がたつにつれ施設での子ども達との関わりに充実感を覚え、専業主婦をしていた妻からは「うちは母子家庭」と言われるほど施設にずっといる生活をしていた。そのような生活をしている中、ある児童との何気ない会話の中で「なんだかんだ言って僕たちの本当の思いは解らないと思いますよ」と言われた。理由は「ここで多くの時間を過ごしているのは認めるけれど、結局自分の家に帰りますよね」とのことだった。その児童が、こちらを困らせたり、悪意を持って発した言葉ではないことは解っていただけに、頭を鈍器で殴られたようなショックと同時に「もしずっと児童と一緒にいることが出来たらどのような支援が可能なのだろうか？」という心が躍るような異なる感覚になった。

　ちょうどその時期に北海道で夫婦を募集している施設があることを知り、妻を説得して応募したところ採用され、小舎夫婦制の施設での生活が始まった。北海道で 7 年間過ごし、今は地元である神奈川県内で寮を担当している。

最初に考えさせられたこと

　寮を担当してすぐに今までとは違う感覚で働かなければいけないと突き付けられたエピソードがある。その時の寮舎はドア 1 枚で児童たちと私たち家族の空間が仕切られる構造だった。寮で児童を注意した（激高したわけではない）後に家に入った私の表情を見た自分の子ども 3 人が泣き出したのだった。通勤していたときも子どもを叱ったことはあるが、彼らからしてみたら今まで見たことのない父親の形相を目の当たりにしたのだろう。今までは無意識のうちに通勤の車の中で

「家庭の顔」と「仕事の顔」を取り換えていたことを痛感し、公私分け隔てなく、自分自身の人間性をより問われる場所で児童たちへ支援していくことを自覚したのだった。

幸せについて

　私たち夫婦は児童たちに常々「将来幸せになるため今の生活をしている」と伝えている。しかしながら、正確に「幸せの定義」は伝えてこなかった。

　北海道から神奈川に戻ってしばらくたった後、交代勤務の施設で関わった児童と食事をする機会があった。その児童は中学卒業後就職した。数年前に結婚して子どもが生まれたと同時に家を建てたことの報告に来たのだった。お酒を飲みながら施設を退園してからの苦労話を彼は笑いながら語ってくれたが、私が「この間色々とあっただろうけど、よく頑張って幸せをつかみ取ったのだね」と伝えたところ、彼が泣き出したのだった。

　「みんなに『幸せだね』と言われるけれど、これが幸せかどうか僕にはわからない……、だって僕は幸せな家庭で育っていないから……」と彼はつぶやいた。しばらくかける言葉が見つからなかったが、「簡単に『幸せ』という言葉を使ってしまったけれど、同じ明日が迎えられることが『幸せ』だと思う」「仕事で疲れて帰っても子どもの寝顔を見て『明日も頑張ろう』と思えるでしょ？　そのような瞬間の継続が『幸せ』だと思うよ」とそのときの精いっぱいの言葉を彼に伝えた。伝えた言葉に対して、その日の夜は彼からの返答は無かったが、１年ほど経って彼から連絡が入り、「幸せか？」とあえて尋ねてみたところ「はい」と迷いのない返事が聞けたのだった。

　彼に幸せの意味を体感させられなかったのが、交代勤務だったからなのかは簡単には結論は出ない。私はそれ以降「日課」という、場合によってはネガティブにとらえられてしまう支援の内容について、「一定の期間、単調な生活を過ごすことが予測可能な明日を伝えられる材料」となり、児童の安定を図っていくこと

ができるのではと強く思えるようになった。そして同じ明日を迎えるにあたっては、同じ支援者が関わることがより有効だと考えている。

　重篤な傷害事件を起こして入所した児童がいた。入所時には無断外出や暴力問題を危惧していたが、入所して１か月ほどたったある日、施設内に併設された分校から戻った際に私たちが「おかえりなさい」と声をかけると、その児童が「同じ人が毎日出迎えてくれることが、こんなにも嬉しいことなんだとここに来て気が付きました。なんでか分からないけれど安心できるのです」と言ってくれた。その児童は退園するまで危惧された問題を起こすことはなかった。

グレーゾーンについて

　学園にはルールがある。寮にもルールがある。私個人としてはルールは少ないほうが良いし、できれば無いほうがいいと感じるときもある。しかしながら、一人当たりの平均在園期間が１年半〜２年の我々の施設は児童の入退所が多く、一定のルールがないと児童たちが混乱し、児童の安全が図れないのも事実である。また、発達障がいを抱えた児童にとって分かりやすいルールが存在することが、安心材料になるとも考えている。

　寮内のルールについては「ルールのためのルール」「失敗させないためのルール」にならないよう配慮しており、その時いるメンバーがどうすれば過ごしやすいものになるのか話し合いを行い、多い時は年に３回ほど改定をしている。児童に決めさせると大変なことになるのではと思われるかもしれないが、多くの場合児童たちが、より状況に即した内容を考えてくれるのである。

　そのようにルールが決められていても、すべてをルールで決められるわけはなく「グレーゾーン」が存在する。TPOに近いというか、その状況によって判断が異なる事案だ。その時々によって異なるグレーを何色に変えていくかの重要な要素は「コミュニケーション」である。グレーを処理するときだけのコミュニケーションだけでなく、普段からの関わり（生活場面接）も重要な要素として考

えている。

　コミュニケーションは職員対児童の関係だけでなく、児童間で行われるものも含んでおり、時に（多くの場合）児童間のコミュニケーションが、より有効に働く場合がある。ピアカウンセリングのような効果を発揮するのである。だからこそ小集団での生活が児童にとっても有効であると考えさせられる。様々な課題を抱えた児童にとって、「職員対児童」だけではうまくいかないことも数多く存在すると考えている。

　発達障がいを抱えた児童は、最初こそ混乱するもののコミュニケーションを分かりやすい形で行っていくことで生活のパターンが増えていく。被虐待児童については問題解決を暴力や支配被支配の関係ではなく、コミュニケーションという正当な形で行えることを学んでいける手段になっていると考える（その過程が非常に難しくなっている児童がおり、その数が年々増えていることを実感していることも事実である）。

共同体について

　先に述べたように、支援の形態として交代勤務よりも夫婦制の方がより有効なのではと考え、私自身夫婦制に身を置くことを選択した。長い間施設内での生活をする中で、夫婦制という形態だけでなく、施設が共同体としての機能を発揮していることも重要なのでは、と考えるようになった。

　児童自立支援施設は開放処遇ではあるが、基本的には施設内で生活のほとんどが完結している。施設内学校もあり、事務的な運営を担ってくれる方、調理師（施設によって異なる）、運転手、守衛さんなど様々な役割の方たちが存在する。その人たち誰一人かけても施設は成り立たない。異なる職域の人をお互いに尊重し「人は繋がりなしに生きていくことはできない」ことを実践していく。そのことを児童たちが実感することは、多くの傷を負い、人との信頼関係など学んでこなかった児童たちにとって有効な機能だと考えるようになった。

　繋がりについてもキーワードだと考えており、「夫婦小舎制や共同体における

人との繋がりで成り立つ生活の体験」「辛い過去と幸せな未来を繋げる施設の役割」「将来にわたって繋がっていく施設職員との関わり」などがある。

自己選択、自己決定、自己実現

　平成10年の児童福祉法改正により施設内に学校が併設されることが決まった。偶然にも、私がいた3施設全てで分校の開校に立ち会っている。どの施設でもそうだったが、分校ができることによって児童たちの進学率は飛躍的に上がった。

　進学率についてはどの施設でも変わらなかったが、進学先決定の過程についてはそれぞれの施設で大きく異なった。そして、施設と分校で進学を決める際の手続きについて共通認識が薄かったことから揉めてしまうことも見られた。

　今働いている施設では分校の開校と施設の変革期が同時期だったため、どのような支援や教育が児童たちにとってより有益かを施設職員と分校教員で話し合いながら進めていった。児童の進路決定についても同様で、それまでの2施設であったような進路指導を行う過程でのトラブルは起こらなかった。

　今の施設の地域特性もあるだろうが、進路選択の幅が広いこともあり児童同士が同じ学校にならないことを配慮しつつ児童にいくつかの学校を見学してもらい、そのうえで学校を選んでもらう方式をとった。

　もちろん進学先の決定にあたり、「まずは生活から」の共通認識のもと施設生活の安定を図り、その後に部活や学校での教科指導・各種行事を通しての自己肯定感の獲得、各児童の強み弱みの理解、家族や地域との関係における課題の整理と対処方法の理解を行いながら、単に学力だけではない進路指導を行うことによって、児童が自分に合うと感じた学校を選択できるスタイルをとった。

　今のところ進学率だけでなく、学校定着率（卒業している）も上がっており、自己決定の保障やどう自己決定をさせていくかの支援方法が有効に機能していると思われる。

最後に

　今回、「家庭的支援」についての検討というお題のもと、私が今まで行ってきたこと・考えてきたことをまとめた。正直読み返してみると家庭的支援そのものについて触れている個所は少ない。

　しかしながら、今回書いたことの全てが児童たちと一緒に過ごすことの時間の多さが味方してくれて、実践できたことだと考えている。

　共に過ごし、話を聴き、言葉を伝え、共に体験し、共に考えていくことの繰り返しが児童たちの育ち直しの一助になっていると確信している。

　一方で、「家庭的」ではなく「家庭支援」が社会的養育に大切だと、今までの方針からさらに踏み込んだ提言が国からされているが、児童自立支援施設の培ってきた方法や関わりが家庭養育に与えるヒントや材料は少なくないと思っているし、逆に私たちが今まで通り「施設内での家庭的支援」を続けていく役割は無くならないのではと思っている。

　本研究内で提言のあった、より家庭に近づくために必要な取り組みについてしっかりと受け止め、施設だからこその強みも整理しながら今後の支援をより強化していく必要性を感じている。

第2章
施設における職員の特徴からみた家庭的支援

福間麻紀

1．はじめに

　現在、社会的養護の対象児童数は約 45,000 人である。社会的養護の過去 10 年程度の動向をみると、要保護児童数は平成 21 年の 46,673 人をピークに多少の増減がありながらも若干の減少傾向にある。また過去 10 年間の要保護児童の委託先をみると、里親やファミリーホームへの委託児童数は約 2 倍となっているのに対し、児童養護施設の入所児童は約 2 割減、乳児院が約 1 割減となっている。その理由としては、児童福祉法の理念の明確化によって示された「家庭と同様の環境における養育の推進」による里親委託の推進の影響があると考えられる（厚生労働省 2021「社会的養育の推進に向けて」）。

　変わりつつある社会的養護であるが、児童自立支援施設はかねてより職員である実夫婦とその家族が小舎に住み込み、家庭的な生活の中で入所児童に一貫性・継続性のある支援を行ってきた。小舎夫婦制や小舎交替制という支援形態を展開し、小規模による家庭的なケアを実践してきた施設である。児童自立支援施設の実践については、小木曽（2014）が「『小規模化』や『家庭的養護』に向かう施設養護、家庭養護の実践論と児童自立支援施設の『小舎制』実践はつながるものである」と述べているように、家

庭的な枠組みのもとに主に非行少年たちの社会的自立を目指して取り組んできた実践と知識の蓄積がある施設である。いま、家庭的養護へと向かう施設養護においては「小規模化」と「地域分散」が進められつつあるが、児童自立支援施設の「治療的養育」とも言われる特徴的な施設養護の取り組みは、小規模化や地域分散だけではない、家庭的支援を体現する支援環境や支援内容を検討する上での重要な手掛かりとなると考える。

　しかし、その児童自立支援施設においても、取り巻く情勢の変化から、新たな対応が必要となってきている。その1つとして、伝統的な小舎夫婦制による支援の存続が厳しい状況に立たされていることがあげられる。「児童自立支援施設（旧教護院）運営ハンドブック」(1998)によれば、小舎夫婦制の長所として、「家庭的な雰囲気」や「一貫性」「保護者との信頼関係の確保」があげられている一方で、短所として「職員の休暇が取りにくい」「労働過重になりやすい」「有資格の夫婦を得ることが困難」などの労働条件や人員確保の難しさが指摘されている。実際、小舎夫婦制から交替制あるいは中舎制に移行している施設は増えており、形態的な「家庭」を維持することが困難な状況にある。

　もう1つは、1990年以降、在所児童数が減少し、定員の4割程度の在所率が続いているなか、「処遇内容が時代のニーズに必ずしも対応していない」という教護院時代の問題性への指摘を受け、変革を求められていることである。1997年の児童福祉法の改正では、名称変更や、従来の「不良行為をなし、又はなす虞のある児童」の他に、虐待等の家庭の養育力低下に伴う新たなニーズとして、「家庭環境その他の環境上の理由により生活指導等を要する児童」も対象となり、指導の目的も「児童の自立支援」となった。この改正については、施設での実践が正当な評価がなされていないのではないかという見方もあるが[1]、これまでの処遇を見直す動きもある[2]。さらに発達障害のある児童や被虐待児童が増加してきている現状を考慮すると、職員には児童の多様性や新たなニーズに対応できる高い専門性が求められており、その専門的な実践は、従来の方法

論を継承しつつも、新たな支援論・支援方法が構築されていくべき時期にあるといえよう。

　全国に58か所ある児童自立支援施設には、2018年2月1日現在1,448人の児童が在所している（厚生労働省 2020「児童養護施設入所児童等調査の概要」）。その児童の支援にあたる職員の総数は1,799人である（厚生労働省2021「社会的養育の推進に向けて」）。職員の配置基準については、これまでにも数度の見直しが行われている。現在の職員配置の目標水準は、児童自立支援専門員と児童生活支援員の配置が4.5：1から3：1に、心理療法担当職員が10：1から7：1と改善されている。新たな支援論や支援方法を展開できる高機能な施設へと変化を進めていくためには、職員配置の充実と合わせて、個々の職員の専門的なかかわりと、さまざまな課題を抱えた児童に根気強く関わる姿勢が求められており、職員に対する期待は大きい。より高い専門性を目指すにあたっては、施設全体としての育成システム等の検討も必要となるであろう。このような児童自立支援施設がおかれている状況のなかで、個々の職員は社会的養護において推進されてきている家庭的養護についてどのような意識をもっているのであろうか。

　本章では児童自立支援施設職員が家庭的支援やそれを実現するための施設業務をどのようにとらえているのかについて、平成27年度に実施した児童自立支援施設の職員を対象としたアンケート調査の結果に基づき、職員の役割（入所児童への直接支援を行っているか否か）、就職・配属が希望によるものか否かからとらえてみたい（序【調査2】）。

2．職員の役割の違いからみた家庭的支援
——直接支援職員とそれ以外の職員の意識

　児童自立支援施設には、入所児童に対して直接支援を行う職員と、そうでない職員がいる。それらの職員が1つのシステムとして、児童のニーズであり、社会的要請でもある「児童自立支援施設の目的」を達成するため

の支援を行っている。定められている施設基準によって、ある程度の統一はなされているが、目の前の子どもに対する支援は、職員を含めた施設としての方針や文化、生活や支援における考え方などが少なからず影響する。社会的ニーズ（存在意義）としての施設の機能も、一人ひとりの職員の考えや行動によって、形作られているといえるだろう。

　本節では、職員の役割の違いに焦点を当てて、家庭的支援に対する意識をみていく。児童自立支援施設の寮で行われている 30 の支援に対する、【支援の重要度】【支援が家庭的であると思うか】についての「直接支援職員」と「直接支援職員以外」のそれぞれの回答を、Mann-Whitney の U 検定を用いて分析を行い、有意差（p<0.05）が認められた項目について確認する。

　なお、職員の分類については、アンケート調査の職種を尋ねる設問の回答から、「児童自立支援専門員」「児童生活支援員」「児童指導員」「心理職」を児童と直接関わる職種として「直接支援職員」とし、それ以外の職種を「直接支援以外の職員」として分類した。この「直接支援以外の職員」には、「事務職」、「栄養士」、「調理員等」、「医師」、「看護師」・「保健師」、「施設長」が含まれる。なお、この設問は複数回答のため、直接支援職員として分類した職種に回答が一つでもあったものは、直接支援職員として分類し、直接支援以外の職員からは除いている。また、「その他」と回答した者は分類が不能なものがあるため除外した。その結果、「直接支援職員」は 907 名、「直接支援以外の職員」は 181 名であった。以降、この 1,088 名の回答について確認する。ただし、「直接支援以外の職員」の人数が「直接支援以外の職員」の約 2 割であるため、一人の回答の傾向が強く反映される可能性があることを断っておく。

（1）支援の重要度についての意識

　支援の重要度についての検定結果を表 1 と表 2 に示す。直接支援職員とそれ以外の職員間で有意差が見られた支援は 30 の支援項目中の 9 つの支

表1 「支援の重要度」
(直接支援職員と直接支援以外の職員で有意差がみられた項目)（単位：%）

【施設としての取り組みや集団での支援に関わる項目】

	職種	とても重要	まあまあ重要	あまり重要でない	全く重要でない	p
⑤私服を認めている	直接支援	14.4	34.3	37.3	14.0	*
	直接支援以外	16.1	40.0	37.4	6.5	
⑩施設内の一斉チャイム	直接支援	12.5	30.0	38.8	18.8	***
	直接支援以外	13.0	46.1	32.5	8.4	
㉗「私の寮／施設」という帰属意識を持たせる	直接支援	40.3	45.7	12.4	1.6	**
	直接支援以外	30.8	47.4	17.9	3.8	

＊＊＊：p<.001，＊＊：p<.01，＊：p<.05

援であった。以下、該当した支援項目について、回答の割合から特徴を確認する。

1）施設としての取り組みや集団での支援に関わる項目（表1）

ここには3つの支援があげられる。「私服を認めている」については、両者とも「まあまあ重要」と「あまり重要でない」に回答が集中しているが、直接支援以外の職員の方が重要であるとする傾向が高い。「施設内の一斉チャイム」については、直接支援職員の「全く重要でない」の回答の多さが特徴的である。「あまり重要でない」も加えると6割弱が重要でないとしている。「私の寮／施設という帰属意識を持たせる」については、両者とも回答率が高いのは「まあまあ重要」であったが、直接支援職員の方が「とても重要」の回答割合が10ポイント程度高くなっている。

2）個々の子どもに直接かかわる項目（表2）

ここには6つの支援が該当する。

「自分用の食器がある」について最も多かった回答をみると、直接支援職員が「まあまあ重要」、それ以外の職員は「とても重要」であり、重要であるとする程度に違いが生じている。「靴下などの繕い物やボタンをつけてあげる」については、「とても重要」と「あまり重要でない」の回答

表2 「支援の重要度」
（直接支援職員と直接支援以外の職員で有意差がみられた項目）（単位：％）

【個々の子どもに直接かかわる項目】

	職種	とても 重要	まあまあ 重要	あまり 重要でない	全く 重要でない	p
⑧自分用の食器がある	直接支援	35.3	42.7	19.6	2.4	*
	直接支援以外	47.2	34.0	17.6	1.3	
⑫靴下などの繕い物やボタンをつけてあげる	直接支援	45.2	45.5	8.0	1.3	*
	直接支援以外	37.7	45.3	16.4	0.6	
⑬子どもと一緒に遊ぶ	直接支援	74.9	22.6	1.9	0.6	**
	直接支援以外	65.0	31.9	3.1	0.0	
⑯子どもと一緒の入浴	直接支援	22.2	36.1	31.4	10.2	*
	直接支援以外	14.6	33.8	43.9	7.6	
⑲子どもと一緒に食事をつくる	直接支援	52.4	44.2	3.1	0.3	*
	直接支援以外	62.7	33.5	3.7	0.0	
㉔個々の子どもとの対話の時間をもつ	直接支援	86.1	13.0	0.5	0.5	***
	直接支援以外	75.5	23.9	0.6	0.0	

＊＊＊：p<.001，＊＊：p<.01，＊：p<.05

割合に違いがみられ、直接支援職員の方が「とても重要」「まあまあ重要」が多い。「子どもと一緒に遊ぶ」では、両者とも「とても重要である」が最も高く、次いで「まあまあ重要」が高くなっているが、直接支援職員の方が「とても重要」と回答した割合が高くなっている。「子どもと一緒の入浴」について、直接支援職員が「重要」との回答傾向がみられるが、直接支援以外は「まあまあ重要」から「あまり重要でない」に回答が多い。「子どもと一緒に食事をつくる」では、両者とも「重要」との回答となっているが、重要さの程度に違いがみられ、直接支援以外の職員の方が「とても重要」の割合が高い。「個々の子どもとの対話の時間をもつ」では、両者とも「とても重要」の回答が最も高いが、直接支援職員の回答割合が特に高くなっている。

　以上、有意差がみられた項目について確認してきた。「重要」と「重要でない」に大きく二分した場合に両群の回答割合は大方一致していたが、「重要」のなかでの「とても重要」と「まあまあ重要」の回答割合に違いがみられた。また、最も多い回答が「重要」と「重要でない」に分かれて

いる支援の中で、特に回答傾向に違いがみられた支援は「施設内の一斉チャイム」と「子どもと一緒の入浴」であった。これらの支援については、特に意見が分かれる支援であるといえよう。これらの回答傾向にみられる意識の違いは、支援において何に重きを置くのか等の優先順位を決めなければならないときには、少なからず影響を及ぼすとも考えられる。施設のルールに関する職員間の意識の違いは、施設全体としての支援方針に影響を与える。また、個々の子どもたちへの直接的なかかわりについては、限りある時間と日々多くある施設の支援において、その重要度をどのようにとらえているかによって、支援の位置づけは変わってくる。直接支援職員とそれ以外の職員も含めた相互の認識についてその違いも含めて共有し、施設全体として一つひとつの支援の重要性や意味付けを確認していく必要があるだろう。

（2）家庭的支援についての意識

「家庭的支援と思うか」について、直接支援職員と直接支援以外の職員の回答の検定結果を表3と表4に示す。有意差がみられたのは13個の支援項目についてであった。以下、該当した支援項目について回答の割合から特徴を確認する。

1）施設としての取り組みや集団の支援に関わる項目（表3）

ここには5つの支援が該当する。

「一斉に起床させる」では、直接支援職員が「まあまあ思う」「あまり思わない」の回答差が少ないのに対し、直接支援以外の職員は「まあまあ思う」が半数となっている。「私服を認めている」では、両者とも「まあまあ思う」が最も多いが、次に回答数が多いのは、直接職員は「強く思う」、直接支援以外の職員は「あまり思わない」となっている。「日課表を使用する」については、直接支援職員は「あまり思わない」が5割強であるのに対し、それ以外の職員は「まあまあ思う」の比重が最も高くなっている。

表3 「家庭的と思う支援」
（直接支援職員と直接支援以外の職員で有意差がみられた項目）（単位：％）

【施設としての取り組みや集団での支援に関わる項目】

	職種	強く思う	まあまあ思う	あまり思わない	全く思わない	p
②一斉に起床させる	直接支援	13.1	42.1	38.8	6.0	*
	直接支援以外	14.6	51.9	29.7	3.8	
⑤私服を認めている	直接支援	29.1	44.3	19.1	7.6	**
	直接支援以外	17.5	47.4	29.2	5.8	
⑦日課表を使用する	直接支援	7.6	21.4	55.0	16.0	***
	直接支援以外	13.0	43.5	37.0	6.5	
⑩施設内の一斉チャイム	直接支援	3.4	7.8	40.2	48.6	***
	直接支援以外	3.3	19.1	47.4	30.3	
⑳掃除当番があること	直接支援	22.2	44.4	30.6	2.9	*
	直接支援以外	27.8	45.6	25.3	1.3	

＊＊＊：p<.001，＊＊：p<.01，＊：p<.05

日課表が家庭的かどうかについては明確な違いがみられる。「施設内の一斉チャイム」については直接支援職員が「あまり思わない」「全く思わない」に回答が集中しているのに比べ、直接支援以外の職員は「まあまあ思う」にも2割の回答があり、顕著な違いとしてとらえられる。「掃除当番があること」については、「まあまあ思う」の回答が両者ともに最も多いが、次に多い回答として、直接支援職員は「あまり思わない」、直接支援以外の職員は「強く思う」となっている。

2）個々の子どもに直接関わる項目（表4）

ここには8つの支援が該当する。

「靴下などの繕い物やボタンをつけてあげる」では、「強く思う」の回答において、直接支援職員の方が10ポイント程度高くなっている。「子どもの一緒の入浴」では、直接支援職員の回答は「まあまあ思う」を中心に「強く思う」「あまり思わない」に回答が分散しており、直接支援職員にとって家庭的かどうかの判断が分かれる支援といえる。「子どもへの愛情表現を行う」は、「家庭的」であるということは両群とも同様であるが、両群間の特徴としては、「強く思う」の回答において直接支援職員の方が

表4 「家庭的と思う支援」
(直接支援職員と直接支援以外の職員で有意差がみられた項目)(単位：%)

【個々の子どもに直接かかわる項目】

	職種	強く思う	まあまあ思う	あまり思わない	全く思わない	p
⑫靴下などの繕い物やボタンをつけてあげる	直接支援	55.6	39.2	4.3	1.0	**
	直接支援以外	44.9	44.9	9.6	0.6	
⑯子どもと一緒の入浴	直接支援	21.8	42.3	28.6	7.3	*
	直接支援以外	14.3	41.6	38.3	5.8	
㉑子どもへの愛情表現を行う	直接支援	67.4	29.2	2.8	0.6	*
	直接支援以外	59.2	35.0	5.1	0.6	
㉒子どもが食事のメニューを決める	直接支援	17.4	58.1	22.8	1.7	**
	直接支援以外	15.3	47.1	34.4	3.2	
㉓子どもと一緒に買い物に出かける	直接支援	41.9	51.0	6.6	0.5	**
	直接支援以外	29.7	60.6	9.7	0.0	
㉕手作りおやつを出す	直接支援	43.3	47.6	8.2	0.9	**
	直接支援以外	31.6	54.4	13.3	0.6	
㉖父親役割・母親役割を明確にする	直接支援	39.2	45.7	13.5	1.6	**
	直接支援以外	32.1	42.9	21.8	3.2	
㉚子どもと一緒に寝る	直接支援	20.8	42.9	30.9	5.4	*
	直接支援以外	12.4	44.4	34.6	8.5	

＊＊＊：p<.001，＊＊：p<.01，＊：p<.05

1割ほど高いことがあげられる。「子どもが食事のメニューを決める」では、直接支援職員は「まあまあ思う」が約6割、「あまり思わない」が約2割となっているのに対し、直接支援以外の職員はそれぞれ5割弱、3割強と「あまり思わない」に回答の比重がある。「子どもと一緒に買い物に出かける」については、両者とも「思う」(「強く思う」＋「まあまあ思う」)が9割を超えているが、「強く思う」割合でみると直接支援職員の方が高くなっている。「手作りおやつを出す」については、両者とも家庭的であると思うとする回答が9割程度であるが、「強く思う」割合でみると、直接支援職員が高くなっている。「父親役割・母親役割を明確にする」では、「まあまあ思う」が最も回答率が高いことは共通しているが、「強く思う」と「あまり思わない」に両者の回答傾向が表れている。「子どもと一緒に寝る」については、両者とも「まあまあ思う」と「あまり思わない」に回答が分かれており判断に迷う支援であるといえる。特徴としては直接

支援職員は「強く思う」の回答が多くなっている。

　以上、2つの職種間で有意差がみられた家庭的支援についての職員の意識を確認してきた。回答率に顕著な特徴がみられたのは、「日課表を使用する」と「施設内の一斉チャイム」であった。日課表も一斉チャイムも施設においては以前からあるものであり、施設としては日常のことであるといえるが、それが家庭的であるかと問われた時に、直接支援にあたる職員と直接支援以外の職員の回答傾向に差がみられた結果となった。今後、施設の支援については、集団と個別のどちらにおいても家庭的支援という視点が、より求められてくるであろう。その時に、両者の認識に大きな相違がないことは、施設というシステムの方向性を検討する上で重要なことである。日々子どもと直接関わる職員とその支援を支える直接支援以外の職員が、子どもを中心に同心円に支えていく仕組みのなかで、一つひとつの支援の意味を共有していく必要がある。

3．配属・就職動機別の違いからみた 職員の全体的特徴と「小舎夫婦制」についての意識

　3節と4節では、前述の調査結果を配属・就職動機に着目して分析する。本節では就職動機別の全体的な特徴と児童自立支援施設の特徴的な支援である「小舎夫婦制」についての意識を確認する。

　なお、ここで取り上げる配属・就職動機については下記の通りである。児童自立支援施設の大部分が公設であり、その場合、職員の採用や人事異動も自治体の基準で行われることになる。そのため、職員は児童自立支援施設の配属や就職が個人の希望によるものである場合だけではない。そのため、今回の調査においては「最初の児童自立支援施設は希望しての配属・就職でしたか」という設問の回答により分類した。

（1）配属・就職動機別の全体的な特徴

　職員全体の回答をみると、50.9％の職員が希望しての配属・就職と回答している。常勤・非常勤でみると、希望しての配属・就職は常勤職で48.6％、非常勤職で83.3％となっている。常勤職員については希望かどうかの差はほとんどないが、非常勤職の差が大きい理由として、必要性に応じて専門的な人材を事前の意思確認を経て採用することが前提となっていることが考えられる。同じ設問について、寮担当者は85.3％が希望による配属・就職であると回答している。また、通勤による職員は、希望による配属・就職ではないとする回答が59.4％となっている。

　図1は回答者の年齢と就職動機の違い（希望しての配属・就職か否か）である。年齢層については、20代や30代は希望配属・就職群（以下、希望群）が多く、目指す若者が多くいることを表している。50代になると非希望配属・就職群（以下非希望群）が多くなっており、これは年代的に役付職員や管理職に相当していることから、自治体の人事異動との関係が考えられる。

　図2は就職動機と現職場における通算勤務年数（在職年数）との関係である。現職場での通算年数が5年目までは非希望群が多いが、5年目以降

図1　年齢別配属・就職動機割合

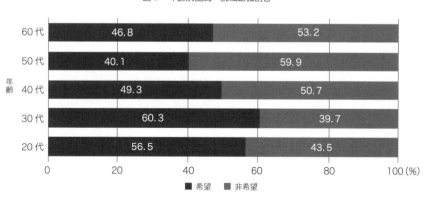

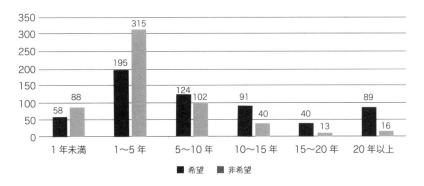

図2　配属・就職動機と現職場通算年数　（単位：人）

は徐々に希望群が多くなっている。希望により配属・就職した者の方が、長く勤める傾向にあると解釈できる。また、先ほどの寮を担当する職員に希望配属・就職者が多いことと関係しているとも考えられる。

　図3は職種毎の就職動機である。児童と直接生活場面で関わる「児童自立支援専門員」と「児童生活支援員」、「児童指導員」をみると、児童自立支援専門員では66.1％が希望での就職であるが、児童生活支援員では48.7％、児童指導員は30.8％と希望就職者の方が少ない結果となっている。また、他の職種をみると、事務職の84.3％。施設長の67.6％が希望による就職ではないとの結果であった。児童自立支援施設の大部分が公設であり、職員の採用や人事異動についても自治体の基準で行われるが、直接支援にあたる専門職とそれ以外では採用方法や条件等も含めて大きく異なっていることが影響していると考えられる。児童自立支援専門員が他職種に比べて希望による就職が多い理由としては、「児童自立支援専門員養成所」の修了者159名のうち、希望配属・就職だった者は153名とほぼ全員が希望による就職・配属であったことがあげられる。

　次に示すのは児童自立支援施設に就職したきっかけについての自由記載からの抜粋である（表5）。この内容からは、希望配属・就職者が学生時

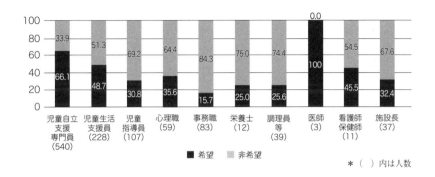

図3　配置・就職動機と現在の職業（複数回答）（単位：%）

■ 希望　■ 非希望

＊（　）内は人数

表5　就職のきっかけ（自由記載からの抜粋）

希望就職	非希望就職
・大学時の実習がきっかけ ・大学時代のボランティア経験から ・養成所に入所し、施設に就職したいと思ったから ・直接処遇に携わりたいと思い異動希望をだした ・夫婦での寮舎運営がしたかったから ・両親が施設職員であったため ・職員が書いた本を読んで ・子どもと関わる仕事をしたかった	・人事異動 ・福祉専門職として地方公務員になりたまたま配属 ・上司のすすめ ・結婚をきっかけに小舎夫婦制の寮を担当することになった

代に児童自立支援施設に関わった経験が多いことがわかる。また、「両親が職員である」など、それ以前の経験も影響している。希望の就職でなかった者は、人事異動や公務員採用後の配属によるものが多かった。また、「小舎夫婦制を担当するため」とする回答は、希望群と非希望群のどちらにもみられた。これは夫婦のどちらか（主に夫）の希望による就職の際に、その配偶者は希望していなかったということであろう。

　以上、就職動機の違いによる職員の特徴をみてきたが、職員のほぼ半数が「希望しての配属・就職ではない」と回答しており、これは公設公営の

施設が大半であることからくる、本人の意思によらない配属や異動が影響していると考えられる。「年齢」と「現職場通算年数」についても、異動の影響があると考えるが、現在の年齢としては20代と30代に希望群の割合が高いのに対し、通算年数では10年以上に顕著に希望職群の割合が高くなる。この10年という境界の意味として、「施設の専門性への理解が不十分である場合には困難性が前面にでてしまい、興味関心には至らない職場」（梶原・福間 2016）と考えることもできる。また、「子どもの支援は4～5年くらいの経験で表面的にはできるようになるが、（中略）複雑多岐な問題を具体的に解決することは、相当の経験がある職員でも苦労が多い」（須藤 2014）とあるように、児童自立支援施設の専門性を理解し実践がある程度でき、興味深い職場だと実感できるようになるには、多くの経験と期間を要する。その期間を乗り越えられるためには、研修システムや育成システム等の職員を支援する仕組みが必要である。

（2）小舎夫婦制に対する意識と実際

　ここでは、児童自立支援施設に特徴的な小舎夫婦制に関する意識と、寮に入ることがある職員のみを対象にした業務に関する意識について確認する。

1）小舎夫婦制について
①「小舎夫婦制は子どもにとってよいか」

　良い（「大変良い」「まあ良い」）の割合は、希望群が95.7％、非希望群が93.1％と就職動機に関係なく有益な方法ととらえていることがわかる。ただ、「大変良い」だけを取り出してみると、希望群が45.2％であるのに対し、非希望群が29.4％であり、希望群の方がより有益性があると認識しているといえる。

②「小舎夫婦制は職員にとってよいか」

　「良い」（「大変良い」「まあ良い」）の割合が、希望群が69.5％、非希望

群が48.3％と、両者の差は20ポイントと大きく、非希望群では半数強が「良くない」（「あまり良くない」「まったく良くない」）という認識である。希望群ついてもそれほど高い割合とはいえず、「良い」の内訳でも、「大変良い」が17.0％、「まあ良い」が52.5％であることから、職員にとっての小舎夫婦制は職務の大変さや労働条件の厳しさなど、職員からの評価は厳しい状況にあるといえよう。

③「小舎夫婦制をあなた自身はやりたいと思うか」
　この問いについては、就職動機による回答の差が大きかった。非希望群の85.9％が「思わない」（「あまり思わない」「まったく思わない」）と回答しており、なかでも「まったく思わない」の割合が48.2％と高いことから、強い抵抗感があることがわかる。希望群では「思う」（「強く思う」「やや思う」）が53.6％であり、自ら関わるかどうかについては二分している結果であった。

　以上、小舎夫婦制に対する職員の意識をみてきた。子どもにとっての有益性は就職動機に関係なく高く支持されるところであるが、職員にとっての評価は比較すると低くなり、特に非希望群の方が厳しい評価であった。また自身が携わるかどうかについては、希望群においても二分するところであり、子どもにとって良い支援形態であることは認めながらも、この形態を維持していくための職員の確保が難しい状況が、職員の回答からも確認できた。希望して小舎夫婦制を担当した職員の就職動機には、「夫婦で寮を持ちそれぞれの役割を伝えていける職場にあこがれた」「学生時代の実習で、夫婦制で寮を運営している職員さんの人間性に惹かれた」「児童養護施設で勤務していたが、夫婦での小舎担当という勤務が理想と感じていた時に紹介された」などがあり、小舎夫婦制の実践に魅力を感じたからこそ児童自立支援施設での就職を希望したという声が少なからずある。「理想的な支援」であることと、それを担う職員の負担感との隔たりが大きい状況である。

２）業務に関する意識（寮に入ることがある職員のみの回答）

　ここでは、寮に入ることがある職員のみを対象として、業務に関する意識について確認する。なお、夫婦で寮を持っている職員は、寮に入ることがある職員913人中の153人（約30％）であった。以下、設問ごとにみていく。

①休日に児童と関わる

　休日に関わることが「ある」（「いつもある」「ときどきある」）と答えた者が、希望群で62.4％、非希望群で39.3％と大きな開きがあった。さらに「いつもある」に注目すると、回答者102人のなかで、希望群が86人（84.3％）であり、日常的に休日に児童と関わっている職員の多くが希望配属・就職者である。子どもを優先的に考えた支援が実施されていると評価できる一方で、職員個人の生活と業務の境界があいまいとなっているともとらえられる。次の②プライベートな生活の確保と共に、ワークライフバランスの面からの検証も必要である。

②プライベートな生活の確保

　非希望群の91.0％が「できている」（「十分できている」「ややできている」）のに対し、希望群は77.6％にとどまり、プライベートな生活の確保が十分ではない状況が伺える。

③現在の仕事にやりがいを感じるか（図４）

　希望群の91.3％、非希望群の83.7％が「感じる」（「とても感じる」「やや感じる」）と回答しており、就職動機に関わらず多くの職員がやりがいを感じている。さらに「とても感じる」に着目すると、希望群が47.1％、非希望群が27.8％と差が広がり、希望群の方がより強くやりがいを感じている。

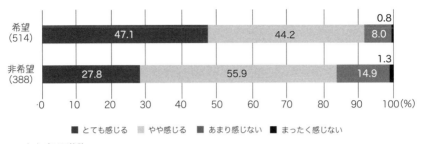

図4 配属・就職動機と現在の仕事にやりがいを感じるか（寮に入ることがある方のみ）

■ とても感じる　▨ やや感じる　■ あまり感じない　■ まったく感じない

＊（　）内は回答数

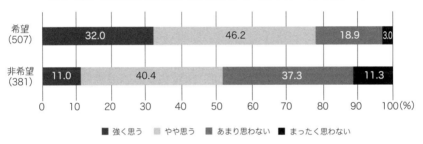

図5 配属・就職動機と現在の仕事を長く続けたいか（寮に入ることがある方のみ）

■ 強く思う　▨ やや思う　■ あまり思わない　■ まったく思わない

＊（　）内は回答数

④現在の仕事を長く続けたいと思うか（図5）

　希望群は「思う」（「強く思う」「やや思う」）が78.2％であるのに対し、非希望群は51.4％にとどまっている。また「やや思う」の割合は両者とも4割であり差はないが、「強く思う」については希望群が32.0％、非希望群が11.0％と差がみられる。その理由についての自由回答（抜粋）を下記に示す（表6）。「長く続けたいと思う」理由としてあげられているのは、子どもの成長や自らのスキルの向上など、支援を通して得られるものであり、「長く続けたいと思わない」理由には、職場環境による心身の疲労やプライベートな時間の確保の難しさなど、職員の労働環境とワークライフバランスに関する内容が多くみてとれた。先の小舎夫婦制の回答と同様に、子どもを中心とした支援としての評価と、職員の生活を考えた時の評価に差

表6　長く続けたい・続けたいと思わない理由（自由記載からの抜粋）

長く続けたい	長く続けたいと思わない
・子どもとかかわることに生きがいとやりがいを感じるから ・子どもの成長などを感じる時、やっていてよかったと思う ・経験年数を重ねることで、自分のスキルも向上していると思う。それをそのまま生かしていきたい ・児童自立支援施設の理念や考え方、子どもへのまなざし等が好きだから	・体力的に厳しいため ・負担が大きすぎる（特に精神的負担） ・勉強にはなるがプライベートが確保しづらいから ・家庭との両立が難しいから ・勤務や人事に公平性や平等性が感じられない ・児童自立支援施設だけではく、児童福祉分野の他の機関でも勤務してみたい

が生じていることがわかる。

　以上、職員の業務に対する意識をみてきたが、子どもを優先した支援としてみたときの高い評価と、職員の生活を考えたときの評価に差が生じていることがわかった。また、希望就職群に特にみられるプライベートな生活と支援との境界のあいまいさは、支援効果による「やりがい」につながる反面、職員自身の心身への負担や家庭生活との両立の難しさのために、長く仕事を続けていくことを躊躇させる要因になっているとも考えられる。職員のやりがいを活かすためにも、生活と仕事の調和をどのように図っていくのか、勤務内容の見直しや職員に対する支援体制の構築についての検討が急務である。

4．配属・就職動機の違いからみた家庭的支援
──希望しての配属（就職）と希望ではない配属（就職）

　本節では「直接支援職員」の894名を、「希望しての就職・配属」505名、「希望ではない就職・配属」389名に分類し、児童自立支援施設の寮で行う30項目の支援に対する【重要度】【家庭的】についての回答について、Mann-WhitneyのU検定による分析を行い、両者に有意差（p<0.05）が認

められた項目について確認する。

（1）支援の重要度についての意識——配属・就職動機別

　表7と表8は支援の重要度について、希望群と非希望群の職員間で有意
差がみられた支援について示したものである。30ある支援項目のうちの
19の支援が該当した。以下、各支援項目について回答割合から特徴を確
認する。

1）施設としての取り組みや集団の支援に関わる項目（表7）

　該当する7つの支援項目については、希望群と非希望群のどちらも「重
要」（「とても重要」「まあまあ重要」）の回答が8割以上であった。以下、各
支援について回答割合から特徴をいくつか紹介する。
　「みんなで集まっておしゃべりをする」では、「重要」が8割であるのは
両群とも同様であるが、希望群に「とても重要」の回答がより多かった。
「寮舎内に花を飾る」は、両群とも「まあまあ重要」に5〜6割が集中し
ているが、希望群が「とても重要」、非希望群が「あまり重要でない」に
回答の比重が分かれている。「季節の行事を行う」は両群とも「重要であ
る」という回答がほとんどであるが、希望群に「とても重要」とする回答
が顕著である。「寮単位の行事」は、もっとも多い回答に違いがみられる。
希望群が「とても重要」であるのに対し、非希望群は「まあまあ重要」
であり、「重要」であることは一致しているが重要度に差がみられている。
「手作りおやつを出す」「『私の寮／施設』という帰属意識を持たせる」で
は、両群ともに「まあまあ重要」の回答が最も多いのは一致しているが、
「とても重要」は希望群の方が、「あまり重要でない」は非希望群の方が
多くなっている。
　以上、各支援についての特徴を確認してきた。重要か重要でないかとい
う大枠でとらえた場合には、両群の回答に大きな違いはなかったが、多く
の項目において希望群に「とても重要」の回答率が高い傾向がみられた。

表7　「支援の重要度」
（希望しての配属と希望ではない配属の職員で有意差がみられた項目）（単位：%）

【施設としての取り組みや集団での支援に関わる項目】

	就職動機	とても重要	まあまあ重要	あまり重要でない	全く重要でない	p
③みんなで集まっておしゃべりをする	希望	41.8	44.5	12.1	1.5	***
	非希望	30.2	52.6	16.3	0.9	
⑥寮舎内に花を飾る	希望	36.6	50.8	11.2	1.4	***
	非希望	22.5	57.1	19.9	0.5	
⑦日課表を使用する	希望	42.0	41.3	13.5	3.3	**
	非希望	45.8	44.0	9.4	0.7	
⑮季節行事を行う	希望	61.9	34.3	3.0	0.7	***
	非希望	47.6	47.0	4.8	0.5	
⑰寮単位の行事	希望	52.0	41.0	6.5	0.5	***
	非希望	36.2	52.7	10.6	0.5	
㉕手作りおやつを出す	希望	38.9	49.7	10.4	1.0	***
	非希望	26.0	56.4	17.0	0.5	
㉗「私の寮／施設」という帰属意識を持たせる	希望	44.0	44.2	9.7	2.1	***
	非希望	33.7	47.1	17.5	1.7	

＊＊＊：p<.001, ＊＊：p<.01

　また、「寮舎内に花を飾る」「手作りおやつを出す」「『私の寮／施設』という帰属意識を持たせる」については、希望群が重要である方向に偏っているのに対し、非希望群は重要でない方向に偏っている。一方で「日課表を使用する」は反対の傾向であり、両群の意識の違いがみられる支援であるといえる。

２）個々の子どもに直接関わる項目（表8）

　ここには12の支援項目が該当する。以下、回答割合から特徴を確認する。

　希望群と非希望群ともに、8割が重要（「とても重要」＋「まあまあ重要」）と回答している支援は、「子ども一人ずつのお誕生会を行う」「子どもが病気時にできるだけ寮内で看病する」「靴下などの繕い物やボタンをつけてあげる」「子どもと一緒に食事をつくる」「父親役割・母親役割を明確にする」「退所児童と定期的に関わりをもつ」であった。そのなかでも、「子ど

表8 「支援の重要度」
(希望しての配属と希望ではない配属の職員で有意差がみられた項)（単位：%）

【個々の子どもに直接関わる項目】

	就職動機	とても重要	まあまあ重要	あまり重要でない	全く重要でない	p
①子ども一人ずつのお誕生会を行う	希望	66.6	25.8	6.1	1.5	***
	非希望	50.9	39.5	8.6	1.1	
⑨職員が子どもの洗濯物をたたむ	希望	8.7	36.6	43.8	10.9	***
	非希望	5.2	24.9	53.5	16.4	
⑪子どもが病気時にできるだけ寮内で看病する	希望	58.0	34.9	6.1	1.0	***
	非希望	36.7	51.7	10.1	1.4	
⑫靴下などの繕い物やボタンをつけてあげる	希望	53.1	40.1	5.6	1.2	***
	非希望	34.5	50.6	13.3	1.6	
⑬子どもと一緒に遊ぶ	希望	78.6	19.2	1.7	0.5	***
	非希望	67.6	29.9	2.1	0.4	
⑭子ども個人のアルバムを作成する	希望	26.8	46.8	23.4	2.9	**
	非希望	17.5	50.3	27.9	4.3	
⑯子どもと一緒の入浴	希望	27.5	39.1	25.3	8.2	***
	非希望	15.3	31.5	41.3	11.9	
⑲子どもと一緒に食事をつくる	希望	61.8	35.6	2.2	0.3	***
	非希望	46.3	49.5	4.0	0.2	
㉑子どもへの愛情表現を行う	希望	76.9	20.9	1.7	0.5	***
	非希望	64.7	32.8	2.4	0.2	
㉖父親役割・母親役割を明確にする	希望	37.8	45.9	14.4	1.9	***
	非希望	29.1	46.5	22.7	1.6	
㉙退所児童と定期的にかかわりをもつ	希望	54.8	39.0	4.9	1.4	***
	非希望	41.9	48.6	7.6	1.8	
㉚子どもと一緒に寝る	希望	16.6	39.7	36.7	6.9	***
	非希望	7.7	36.3	47.1	8.8	

＊＊＊：p<.001，＊＊：p<.01

　もが病気時にできるだけ寮内で看病する」「靴下などの繕い物やボタンを
つけてあげる」「子どもと一緒に食事をつくる」「退所児童と定期的に関わ
りをもつ」の最も多い回答に着目すると、希望群が「とても重要」である
のに対し、非希望群は「まあまあ重要」であった。希望群の方がより重要
度が高いと回答していることが特徴といえる。
　「重要」と「重要でない」に回答が分かれた支援が、「職員が子どもの洗
濯物をたたむ」「子ども個人のアルバムを作成する」「子どもと一緒の入

浴」「子どもと一緒に寝る」である。「職員が子どもの洗濯物をたたむ」は両者とも回答割合が最も多いのは「あまり重要でない」であり、「全く重要でない」も合わせると、両群とも半数以上が「重要でない」と回答している。「子ども個人のアルバムを作成する」では、両群とも「まあまあ重要」の割合が5割程度と最も多くなっているが、次に割合の高い回答をみると、希望群は「とても重要」「あまり重要でない」と分かれており、非希望群は「あまり重要でない」の回答が多くなっている。「子どもと一緒の入浴」は両群の違いが顕著である。両群とも最も高い回答割合が4割程度であり、希望群が「まあまあ重要」、非希望群が「あまり重要でない」であった。続く回答は、希望群が「とても重要」と「あまり重要でない」に分かれており、非希望群は「まあまあ重要」であった。両群ともに重要度の判断がわかれる支援であるといえよう。「子どもと一緒に寝る」も回答割合が最も多い回答に両群の違いがみられた。希望群は「まあまあ重要」と「あまり重要でない」がほぼ同割合で高く、「とても重要」にも一定割合の回答がみられ回答が分かれている。非希望群は「あまり重要でない」が半数弱、「まあまあ重要」が4割弱とその2つに集約されている。これらについては、職員間の意識の違いがみられる支援であるといえる。

　以上、回答割合から両群の特徴をみてきた。回答に違いがみられた項目については、重要かどうかの判断が難しい支援項目であるといえる。また、「子どもと一緒に入浴」「子どもと一緒に寝る」については、想定される子どもの年齢の影響も考慮する必要があるかもしれない。児童養護施設では入所時の年齢で最も多いのは2歳から4歳（平均6.4歳）であるが、児童自立支援施設の入所時の年齢で多いのは11歳から14歳である（平均12.9歳）（厚生労働省 2021「社会的養育の推進に向けて」）。一方で入所児童の低年齢化もみられており、最も低くて7歳、また8歳〜10歳の入所も一定数存在する。実年齢だけでその子どもの発達をとらえることはできないが、入所児童の年齢が下がることにより、個々の児童に必要な支援が変化

することも想定される。そのことを考慮したとしても、両者の傾向の違いについては興味深い結果となった。

（2）家庭的と思う支援についての意識——配属・就職動機別

表9と表10は家庭的と思う支援について、希望群と非希望群間で有意差がみられた項目について示したものである。30の支援項目のうち、18の支援が該当した。以下、該当した支援項目について回答割合から個々の特徴をみていく。

1）施設としての取り組みや集団の支援に関わる項目（表9）

ここには6つの支援項目が該当する。

「みんなで集まっておしゃべりをする」「寮舎内に花を飾る」「季節行事を行う」「寮単位の行事」「手作りおやつを出す」については、両群とも、家庭的と思う（「強く思う」＋「やや思う」）が8割を超えており、多くが家庭的を思っていることが確認できる。その中で、希望群と非希望群の違い

表9　「家庭的と思う支援」
（希望しての配属と希望ではない配属の職員で有意差がみられた項目）（単位：％）

【施設としての取り組みや集団での支援に関わる項目】						
	就職動機	強く思う	やや思う	あまり思わない	全く思わない	p
③みんなで集まっておしゃべりをする	希望	35.8	50.9	11.8	1.4	**
	非希望	25.5	58.7	13.9	1.8	
⑥寮舎内に花を飾る	希望	35.4	54.3	8.9	1.4	***
	非希望	24.4	61.2	13.9	0.5	
⑮季節行事を行う	希望	56.5	37.9	4.9	0.7	***
	非希望	45.4	48.6	5.4	0.5	
⑰寮単位の行事	希望	45.8	43.8	9.2	1.2	***
	非希望	28.7	52.9	16.6	1.8	
㉕手作りおやつを出す	希望	49.5	42.7	6.9	0.9	***
	非希望	32.6	54.9	11.5	0.9	
㉗「私の寮／施設」という帰属意識を持たせる	希望	38.3	41.2	17.9	2.6	***
	非希望	26.1	45.6	24.4	3.9	

＊＊＊：p<.001，＊＊：p<.01

に着目すると、「季節行事を行う」「寮単位の行事」「手作りのおやつを出す」の3つの支援について最も高い回答率となった選択肢が異なっている。これら3つの支援については、いずれも希望群は「強く思う」と回答した割合が最も多いが、非希望群は「やや思う」が最も多くなっている。特に「寮単位の行事」「手作りおやつを出す」については、非希望群が若干「あまり思わない」の数値が多いこともあり、両者の意識の違いととらえられる。他の支援と比べると若干ではあるが、「思わない」の回答が多かったのが「『私の寮／施設』という帰属意識を持たせる」である。特に非希望群にその傾向がみられており、家庭的と思うかということについては意見がわかれる支援といえよう。

2）個々の子どもに直接関わる項目（表10）

ここには、12の支援項目が該当する。

希望群・非希望群ともに家庭的と思う（「強く思う」＋「やや思う」）と回答した割合が9割を超えた支援は、「子ども一人ずつのお誕生会を行う」「子どもが病気時にできるだけ寮内で看病する」「靴下などの繕い物やボタンとつけてあげる」「子どもと一緒に遊ぶ」「子どもと一緒に食事をつくる」「子どもへの愛情表現を行う」「子どもと一緒に買い物にでかける」の7つの支援であった。これらの支援については、家庭的であるという認識は一致している。両群の違いに着目してみてみると、両群とも「強く思う」の回答割合が最も多い支援であった「子ども一人ずつのお誕生会を行う」「靴下などの繕い物やボタンをつけてあげる」「子どもと一緒に遊ぶ」「子どもと一緒に食事をつくる」「子どもへの愛情表現を行う」について、希望群の方が「強く思う」の割合が10〜15ポイント程度高い傾向がある。また、「子どもが病気時にできるだけ寮内で看病する」については、希望群の6割が「強く思う」のに対し、非希望群では「やや思う」の割合の方が若干高くなっている。大枠で見ると「家庭的と思う」支援であっても、「強く思う」のか「やや思う」のかに違いがみられた結果となっている。

表10 「家庭的と思う支援」
(希望しての配属と希望ではない配属の職員で有意差がみられた項目)(単位:%)

【個々の子どもに直接関わる項目】

	就職動機	強く思う	やや思う	あまり思わない	全く思わない	p
①子ども一人ずつのお誕生会を行う	希望	60.2	33.3	5.4	1.0	*
	非希望	51.2	42.2	5.8	0.9	
⑨職員が子どもの洗濯物をたたむ	希望	20.1	48.0	25.0	6.9	***
	非希望	10.5	45.4	36.1	8.0	
⑪子どもが病気時にできるだけ寮内で看病する	希望	62.6	31.6	5.1	0.7	***
	非希望	44.7	47.3	6.9	1.1	
⑫靴下などの繕い物やボタンをつけてあげる	希望	60.1	35.5	3.6	0.9	***
	非希望	46.3	45.6	6.8	1.3	
⑬子どもと一緒に遊ぶ	希望	67.3	29.4	2.6	0.7	**
	非希望	57.6	38.4	3.6	0.4	
⑯子どもと一緒の入浴	希望	26.7	42.0	25.0	6.3	***
	非希望	14.7	42.0	35.0	8.3	
⑲子どもと一緒に食事をつくる	希望	63.1	33.4	3.1	0.3	***
	非希望	49.2	46.1	4.0	0.7	
㉑子どもへの愛情表現を行う	希望	70.7	25.0	3.6	0.7	*
	非希望	60.7	36.2	2.7	0.4	
㉓子どもと一緒に買い物に出かける	希望	44.6	47.7	7.4	0.3	*
	非希望	34.6	57.8	7.2	0.4	
㉖父親役割・母親役割を明確にする	希望	42.6	44.3	11.5	1.6	**
	非希望	33.3	46.2	18.6	1.8	
㉙退所児童と定期的にかかわりをもつ	希望	39.5	43.5	13.9	3.2	***
	非希望	26.7	50.2	19.5	3.7	
㉚子どもと一緒に寝る	希望	23.0	43.2	28.2	5.6	**
	非希望	15.7	43.4	34.4	6.5	

＊＊＊：p<.001, ＊＊：p<.01, ＊：p<.05

　「父親役割・母親役割を明確にする」「退所児童と定期的に関わりをもつ」については、上記の支援に比べると、「あまり思わない」の割合が若干ではあるが高くなっている支援であり、希望群では4割程度が「強く思う」と回答しているが、非希望群は10ポイント程度「強く思う」回答割合が低くなっている。

　家庭的と思うかどうかの回答がわかれた支援は、「職員が子どもの洗濯物をたたむ」「子どもと一緒の入浴」「子どもと一緒に寝る」であった。ど

の支援も「やや思う」が両群ともに4～5割弱と最も多くなっているが、次に多い回答に両群の特徴がみられる。希望群は「強く思う」と「あまり思わない」がそれぞれ2割程度と意見がわかれているが、非希望群は「あまり思わない」が3～4割弱となっている。これらの支援については、希望群において意見が分かれる支援であるととらえることができる。特に「子どもと一緒の入浴」と「子どもと一緒に寝る」については、前節でも述べたように子どもの年齢によるところが大きいことが推測される。

　以上、提示された支援について家庭的であると思うかの回答に両群の差がある項目をみてきた。「家庭的と思う」という大枠では一致しているものの、非希望群に「強く思う」という回答が多くがみられ、非希望群に「あまり思わない」が多い傾向であったことから、希望群の方が一つひとつの支援について、より明確な認識をもっている傾向にあると言える。家庭的というものはあいまいであり、一人ひとりの「家庭的」というイメージもそれぞれ異なるであろう。そのような状況においても、集団で暮らす子どもたちにとっての家庭的支援を行う上で、自らが何を「家庭的」ととらえているのかについて自覚的であるということは重要なことであり、その個々の意識を共有した上で、施設としての家庭的支援を作り上げ、一貫した支援として取り組むことが重要である。

5．職員の特徴からみる家庭的支援とは

　本章では職員に対し、職員の役割や配属・就職動機の違いによる、「支援の重要度」と「家庭的と思う支援」についての職員の意識を確認した。
　これまで示してきたように、直接支援職員とそれ以外の職員間、希望での配属と希望ではない配属の職員間で回答傾向に差がみられていることがわかった。特に希望しての配属・就職か否かにおいて、「家庭的と思う支援」についての意識に相違があることが明らかとなった。

この結果をどのようにとらえるかということであるが、あくまでも本章の役割である職員の特徴から考えるとするならば、回答傾向に差はありながらも、重要かそうでないか、家庭的かそうでないかという大枠でくくってみると一致している項目も多くみられた。このことは、施設全体としての支援に対する合意形成が図りやすいことを意味している。一方で、個々の支援内容の詳細や支援間での優先順位を検討する際には、「とても重要」や「強く思う」といった個々の職員の信念ともいうべきものが影響してくるものと考えられる。今回の調査結果にみられた回答傾向の相違の理由については、本分析では明らかにはできなかったが、意見の相違があるということは、さまざまな意見があるということでもあり、自らの支援を客観視したり、自分の意見を省察したりすることにもつながるものである。子どもたちとの日々の生活の営みのなかで支援は止まることなく常に行われている。その一つひとつの支援の意味を他者と検討することは難しいと思うが、自分の施設に限らず職種を同じくする者が、日々どのような意識で支援をとらえ行っているのかを知ることは、自分が所属する施設、また自らの支援を振り返る際の一つの参考となるだろう。施設という集団で生活する環境において、何を重要とし、何を家庭的であるとするのかについては判断が難しいところであるが、だからこそ、職種や配属動機の違いによる回答傾向の相違が検討の出発点となるとよいと思う。

　児童自立支援施設に入所する児童の支援は、子どもの周りに直接支援職員がいて、その周りに直接支援以外の職員がいる。そして、直接支援職員の中には、希望しての配属・就職した職員とそうではない職員がいる。これらの職員がチームワークを組み、それぞれの知識や経験、価値や倫理の元に、日々の生活の中で自立支援や生活支援を行っている。現在の施設における「家庭的」とされる支援の形は多岐にわたる。また本調査から明らかになったように、職員によってもそのとらえ方に違いがある。今回は職員の意識から演繹的に家庭的支援を導き出したが、その支援や行為を行う意図や方法によっても、その支援の持つ意味が異なってくる。それぞれの

支援について、「なぜその支援を行うのか」「何のためにその支援を行うのか」といった支援の目標が異なれば、方法が同じでも子どもに対する効果は違ってくる。また子どもにとっての生活の場所である施設において、家庭的支援の果たす役割を子どもへの影響、子どもの成長への効果という視点で、再検証してみる必要があるだろう。

　支援の方法は施設ごと・職員ごとに均一ではなく、個々の児童にあった多様な方法が選択されてよい。小舎夫婦制とそうでない寮ではアプローチの仕方も異なってくるだろう。しかしそこで求められるのは支援の目標の均一化である。いま、家庭的支援をはじめとして、施設にも新たな対応が求められている。そのなかで、どの施設でもどの職員でも、子どもの支援の目指すところが同じであること、理念的な目標だけではなく、具体的な支援につながる具体的な目標を全ての職員が共通認識で合意できることが均一化の意味である。児童自立支援施設が措置施設である以上、子どもは施設を選ぶことはできない。だからこそ、目指す方向性を統一し、施設の環境等の子どもの「目に見えるもの」だけではなく、安堵や安心感、居場所としての雰囲気などの「目に見えないもの」をどのように提供し、評価していくことができるのかについても併せて問うていかなければならない。

　職員への期待が大きくなるなか、今回の調査では職員のやりがいとともに負担感も明らかとなった。

　「児童自立支援運営ハンドブック」の「チームワークによる支援」の解説には次のことが書かれている。

　　「児童自立支援施設で働くには、この仕事にかける覚悟が不可欠です。この覚悟をどう作り上げるかを抜きにして施設職員の育成はできません。これは、最終的には本人の気持ちに帰着する問題であるがゆえに、周りの職員の支援がありさえすれば可能となるというものではありません。きわめて困難な状況、仮に子どもから反抗され罵倒される等という状況になろうと、ぶれることなく子どもと向き合い、職員の真意を伝え

納得させるといった、いわば修羅場を持ちこたえながら対応する経験を
して、はじめて覚悟が作られ自信をもつことができると考えるべきでし
ょう。そういう意味では、力量のある職員が全面的にフォローする覚悟
で、失敗した場合は全て受け入れて立つというスタンスで、新任・転入
職員に、このような困難な場面に対応する機会を作ることが必要です」
『児童自立支援運営ハンドブック』「第10章支援形態」より抜粋。（厚
生労働省雇用均等・児童家庭局家庭福祉課2014）

　非行、発達障害、被虐待経験、貧困、心理的な課題など、入所してくる
児童たちの課題は多岐にわたり、また深刻である。職員はさまざまな課題
を抱えた児童に日々の生活の中で向き合い支援を行っていくが、子どもと
の一つひとつのやりとりが職員としての自分自身を試される場面であるだ
ろう。このような過酷ともいえる支援環境のなかで、希望による配属・就
職だけではないということが特徴としてある施設である以上、職員に対す
る支援体制の充実、そして「失敗」を個人の責任としてではなく、職員全
員・施設全体としてとして取り組む課題として共通認識をもつこと、職員
個々人のコンピテンスを高め、施設全体としての支援力の向上に向けた取
組みが、いま、問われているのではないだろうか。

【注】
1　岩本（2007）は、「家庭養育機能の低下等による新たなニーズへの対応が不十分」と
　　された教護院の問題性のレトリックとして、「教護院は当初より家庭の養育能力の低
　　下というニーズを視野に入れて対応」してきていたが、「教護院が『家庭』を標榜す
　　るがゆえに、専門家にはなりえないとみなされ、非難の対象になっている」と指摘
　　している。
2　2015年に全国児童自立支援施設協議会が提案した「児童自立支援施設の将来像」で
　　は、「『存在肯定がない状態で規範性を教え込む』指導をおこなっていたことを指摘
　　し（中略）こういった処遇理念を改善するために、『児童にやらせるという姿勢での

取り組みを見直す』（中略）『日課を守らせるよりも一人ひとりの問題性の把握と解決を図る指導を行う』べきことに言及」している（厚生労働省雇用均等・児童家庭局家庭福祉課 2014）。

【引用文献】
岩本健一（2007）『児童自立支援施設の実践論 [改訂版]』関西学院大学出版会
小木曽宏（2014）「児童自立視線施設の現状と課題」相沢仁・野田正人編『施設における子どもの非行臨床』明石書店
春日美奈子（2012）「児童自立支援施設の可能性——小舎夫婦制の意義と課題」『鎌倉女子大学紀要』(19)
厚生労働省子ども家庭局家庭福祉課（2021）「社会的養育の推進に向けて」（2021 年 5 月）（https://www.mhlw.go.jp/content/000784817.pdf）アクセス 2021.6.30
厚生労働省子ども家庭局厚生労働省社会援護局障害保健福祉部（2020 年 1 月）「児童養護施設等入所児童等調査の概要（https://www.mhlw.go.jp/content/11923000/000595122.pdf）、アクセス 2021.6.30
厚生労働省雇用均等・児童家庭局家庭福祉課（2014）『児童自立支援運営ハンドブック』「第10 章支援形態」（2014 年 3 月）（https://www.mhlw.go.jp/seisakunitsuite/bunya/kodomo/kodomo_kosodate/syakaiteki_yougo/dl/yougo_book_5_0.pdf）、アクセス 2019.10.30
厚生労働省雇用均等・児童家庭局家庭福祉課（2016）「社会的養護の課題と将来像の実現に向けて」（2016 年 7 月）、1 頁（http://www.mhlw.go.jp/file/06-Seisakujouhou-11900000-Koyoukintoujidoukateikyoku/0000108940.pdf）、アクセス 2016.9.21
児童養護施設等の社会的養護の課題に関する検討委員会・社会保障審議会児童部会社会的養護専門委員会（厚生労働省）（2011）「社会的養護の課題と将来像」（平成 23 年 7 月）39 頁（http://www.mhlw.go.jp/bunya/kodomo/syakaiteki_yougo/dl/08.pdf）、アクセス 2016.9.21
須藤三千雄（2014）「児童自立支援施設の運営や支援に関する格言集」相沢仁・野田正人編『施設における子どもの非行臨床』明石書店
全国児童自立支援施設運営協議会（1999）『児童自立支援（旧教護院）運営ハンドブック』創琳堂

第3章
子どもからみた児童自立支援施設での生活

新藤こずえ

1. はじめに――子どもの声は聴かれているか

　子どもの支援を考えるうえで、子どもの視点や意見は反映されているのだろうか。"Nothing About Us Without Us"（私たちのことを、私たち抜きに決めないで）は、障害のある人たちが自らの権利を獲得するために用いたスローガンであるが、障害のある人たちの生活に影響する意思決定に彼らを参加させることや、彼らの経験的知識が重要であることを主張している（Charlton 1998=2003）。その背景には、当事者不在で当事者に関するさまざまな事柄が決められてきたという歴史的経緯がある。当事者不在でその人の人生を左右する事柄が決められるこうした状況は、社会的養護の領域にもみられる。子ども支援の実践に携わってきた人々は、この指摘に異議があるかもしれない。しかし、現実には、「社会的養護で育つ子どもたちの多くは『保護を必要としたこと』や『社会的養護のもとで暮らすこと』を自ら決めてきたわけではない」し、どの施設に、いつ行くのか、いつまでいるのかを周囲の大人たち（社会）に決められているという状況がある（永野 2019）。したがって、当事者である子ども本人の視点や意見が尊重されてきたとはいいがたい。

　社会的養護のなかでも特に児童自立支援施設は、不良行為を中心とした課

題を抱える子どもを対象にしてきたという固有性があり、当事者である子どもの意見が反映されにくい状況にあったと考えられる。子どもの権利条約においても、それを基盤とした改正児童福祉法においても、子どもの意見は重要であることが明確に謳われているにもかかわらず、もっとも困難な立場におかれている子どもには、その「声」に耳を傾ける身近な大人が不足しており、制度的にそれを保障するしくみも不足している[1]。社会的養護を経験した子どもの当事者活動を支援してきた長瀬（2019）は、「『声』を発するには、相手となる他者の存在を必要とする。他者の存在をどうとらえるのかは、自分自身をどうまなざしているのかという、自己評価の影響を受ける。自己評価は、『声』を支える土台のようなものだ」と述べている。児童自立支援施設の子どもたちに、「声」を支える土台はあるのだろうか。

　先行研究では、児童自立支援施設で暮らす子ども自身が、家庭内での被暴力経験や周囲の人々の不適切なかかわりなど、安心して「子ども」ではいられないような環境で育った経験が多いことが明らかにされている（岩田 2013）。このような前提で考えると、子どもに施設での「家庭的支援」をどのように捉えているのかを尋ねても、どのような生活環境が心地よい家庭と言えるのか、子ども自身がその「ものさし」を持っていない可能性もある。そのため、子どもの主観から「家庭的支援」を浮かび上がらせることについては限界もあるが、それでもなお、子どもの立場からみえる施設の「景色」を理解しようとすることは重要であろう。

　本章では、本書の「序」に記してある入所児童を対象とした【調査４】にもとづき、児童自立支援施設で生活する子どもの主観的な視点から望ましい支援のあり方を検討する。その前提としてまず、子どもの基本的属性および児童自立支援施設での暮らしの満足度や施設入所前の家族との生活に関する状況を入所児童アンケート調査から把握したうえで、子どもからみた「生活のしやすさ」を考察する。加えて、子どもからみた支援の内容に対する評価と職員からみた「家庭的支援」の内容に対する評価を比較するため、職員を対象とした【調査２】【調査３】のデータも参照し、支援

の実態や子どもと職員の認識に関するギャップを明らかにする。

　本章は、児童自立支援施設で暮らす子どもたちの「声」を少しでも掬い取ろうとする試みである。

2．子どもの基本的属性と入所前の生活経験

　子どもたちはさまざまな事情を抱えて児童自立支援施設に入所している。自ら積極的に望んで入所する者はほとんどいない。非行をはじめとする課題を抱えた子どもがおもな対象と規定されているものの、その実態は被虐待経験や障害を抱えている子どもたちであり、6割以上に被虐待経験や障害などがあることが明らかにされている[2]。まず、【調査4】で回答があった1,055人の子どもたちの基本的属性を概観したうえで施設での生活に対する満足度とその背景を見ていく。

　回答者の性別は、男性72.3％、女性27.7％であった。学校種は、小学生11.2％、中学生81.1％、高校生6.1％、その他1.5％であった。施設への入所経路は、児童相談所経由79.2％、家庭裁判所経由が19.2％、その他2.2％であった。調査時点の在所期間は、6か月未満の割合31.9％、6か月以上1年未満31.3％で、1年未満が6割を占めた。1年以上2年未満27.1％、2年以上は9.6％であった。

　入所前に一緒に生活していたのは、実母69.7％、きょうだい66.1％であるのに対し、実父は36.9％にとどまっていた。つまり3割が実母と、6割が実父と生活をしていなかったことになる。同居者について、実母、きょうだい、実父に次いで回答が多かった「その他」24.3％と回答した243人の具体的な記述内容をみると、「施設」で暮らしていたものが88件、里親のもとで暮らしていたものが11件あった。「施設」には児童養護施設や現在入所している施設とは別の児童自立支援施設が含まれると考えられる。他に一時保護所、いとこ、おば、おじ、ママの彼氏、犬や猫といったペットが書かれていた。

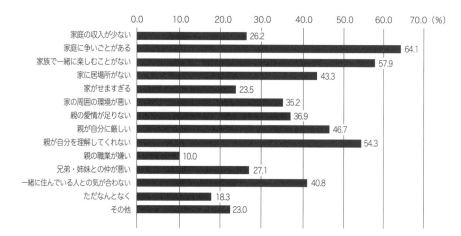

図1　家族との生活に、あまり満足していなかった／満足していなかった理由
（n=436、複数回答、%）　注）親：親にかわる人も含む

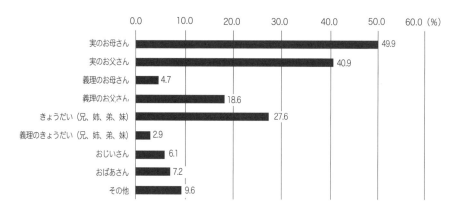

図2　家族による暴力がいつもあった／時々あった場合、暴力をふるってきたのは誰か
（n=436、複数回答、%）注）親：親にかわる人も含む

　家族との生活については、「満足していた」40.8％で「少し満足していた」と合わせると55.5％であったが、「満足していなかった」23.2％であり「あまり満足していなかった」と合わせると44.5％であった。

　家族との生活に、あまり満足していなかった／満足していなかった理由として多いものは、「家庭に争いごとがある」64.1％、「家族で一緒に楽し

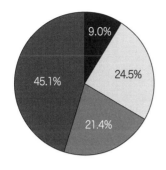

■ いつも話した　■ 時々話した
■ ほとんど話さなかった　■ まったく話さなかった

図3　親(親にかわる人)に悩みごとや
心配ごとを話していたか (n=973、%)

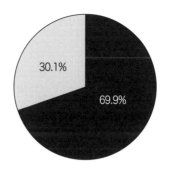

■ もっと話したい　■ 話したくない

図4　もっと親(親にかわる人)と話したいか
(n=973、%)

むことがない」57.9％であった。次いで家族内のコミュニケーションに関することとして、「親（親にかわる人）が自分を理解してくれない」が54.3％と多い。加えて「一緒に住んでいる人との気が合わない」が40.8％を占める。「その他」の内容は、暴力があった、虐待されていた、などの記述がみられた（図1）。

　また、家族による暴力の経験は、「いつもあった」が16.8％であり、「時々あった」と合わせると54.1％にのぼり、とくに女性に着目してみてみると70.8％になる。暴力が「いつもあった」と「時々あった」と回答した530人に対して、暴力をふるっていたのは誰かを尋ねると、多い順に実母49.9％、実父40.9％、きょうだい27.6％、義父18.6％であった（図2）。

　全体としては少なくとも3割以上の子どもが母子世帯で生活しており、国全体の母子世帯の約半数が相対的貧困である状況に鑑みると [3]、経済的困難を抱える家庭も少なくないと考えられる。また、被暴力も約半数が経験していることから、過酷な状況で生活してきていることが推察できる。しかし、親（親にかわる人）に悩みごとや心配ごとを「まったく話さなかった」が45.1％を占め、「ほとんど話さなかった」と合わせると66.5％にのぼる（図3）。「いつも話した」はわずか9.0％にとどまっている。だが、

もっと親（親にかわる人）と「もっと話したい」と回答した子どもは 69.9
％を占めた（図4）。

　このように、児童自立支援施設には、家庭のなかでさまざまな困難を抱
え、被暴力（虐待）の経験があり、経済的にも時間的にもゆとりのない
家庭で育った子どもたちが多いことがわかる[4]。

3．子どもにとっての施設での生活のしやすさ

　では、このような生活経験をしてきた子どもたちは、児童自立支援施設
での生活をどのように受け止めているのだろうか。施設での寮生活への満
足については、「満足している」28.6％と「少し満足している」を合わせ
た満足群は 62.9％であった。家族との生活については、「満足していた」
40.8％と「少し満足していた」を合わせた満足群は 55.5％となっている。
満足群は家庭よりも施設のほうが 7.4 ポイント高い。一方、施設の寮につ
いて「満足していない」と「あまり満足していない」を合わせた不満足群

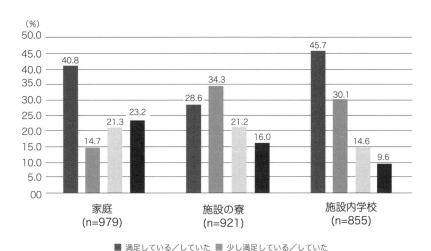

図5　生活の満足度

は 37.2％であった。この背景については、次節以降でみていく。また、ほとんどの児童自立支援施設には施設内の学校が併設されているが、施設内学校については、「満足している」が 45.7％を占め、「少し満足している」と合わせると満足群は 75.8％にのぼった。家庭での生活の満足度と併せて示したものが図 5 である。家庭、施設の寮、施設内学校の満足度を比較してみると、施設内学校の満足度がもっとも高い。施設内では公教育が実施されているが、少人数でのクラスの編成や子ども一人ひとりの理解度に沿った授業が行われており（小林 2006）、そういった理由・背景により施設入所前に所属していた学校よりも、子どもにとって満足度が高い学校生活になっていると考えられる。

　ここでは、施設での生活に対する子どもたちの満足／不満足の理由と背景を理解するため、実施されている支援を子どもたちがどのように受け止めているのかを明らかにする。具体的には、生活単位である寮で行われている支援のうち、寮のしくみや事柄などに関する 24 項目について、その支援が自分の寮で実施されているか、その支援があることによって生活しやすいかを尋ねている。24 項目はその支援が「家庭的」であるかそうでないかを特徴づけると考えられるものとして、本調査を実施するために構成された研究会のメンバーで検討した項目であり、職員や寮生との関わり、生活の環境・プログラムに関するものである。全体の結果は表 1 のとおりである。

　この結果について、支援・事柄が「ある」と回答したもののうち、「生活しやすい」と回答した割合が高いものの順に並べたものが表 2 である。子どもが「生活しやすい」と答えた割合が 80％を超えるものとしては、「寮のみんなで楽しむことがある」「好きなことをする時間がある」「寮の先生たちが話を聞いてくれる」「自分用のスペースがある」「寮の先生は自分が頑張ったときに褒めてくれる」の 5 項目であり、施設での実施率は 86.1％〜 95.5％で非常に高い水準にあった。これらは施設での生活のプログラムに関することや、職員の支援的な関わり、ハード面に関するものである。一方で、「生活しづらい」という回答が 50％以上のものも 6 項

表1　子どもから見た生活のしやすさと支援・事柄の有無（単位：％）

	生活のしやすさ			支援・事柄の有無	
	生活しやすい	生活しづらい	どちらともいえない	ある	ない
①寮のきまりがある	48.0	21.3	30.7	99.7	0.3
②寮の日課（起床、消灯、食事時間など）がある	58.8	20.3	20.8	99.3	0.7
③寮の先生が日によって交代する	48.4	18.4	33.2	73.3	26.7
④寮長・寮母が夫婦であること	48.1	10.3	41.6	52.3	47.7
⑤寮長・寮母の子どもがいる	40.9	12.8	46.3	46.9	53.1
⑥他の寮（交代寮）に移動すること	29.0	25.5	45.5	40.0	60.0
⑦寮の作業がある	47.8	24.4	27.8	98.6	1.4
⑧好きなことをする時間がある	82.5	6.3	11.2	95.5	4.5
⑨寮の先生たちの話がくいちがうことがある	16.2	49.7	34.1	70.6	29.4
⑩寮の先生の態度が日によって変わる	17.6	49.9	32.4	49.1	50.9
⑪寮の先生が見て見ぬふりをすることがある	21.3	37.8	40.9	29.9	70.1
⑫寮の先生がトラブルを解決してくれる	69.0	8.6	22.4	90.3	9.7
⑬寮で争いごとがある	15.6	53.0	31.4	74.0	26.0
⑭寮のみんなで楽しむことがある	81.6	4.3	14.1	93.5	6.5
⑮寮に自分の居場所がない	36.0	31.9	32.1	47.5	52.5
⑯自分用のスペースがある	73.1	8.3	18.6	86.1	13.9
⑰寮や施設の環境がよい	62.9	14.8	22.3	82.9	17.1
⑱寮の先生は自分ががんばったときにほめてくれる	76.0	4.4	19.6	93.1	6.9
⑲寮の先生自分が間違ったときに注意してくれる	76.0	4.4	19.6	98.6	1.4
⑳寮の先生は自分を理解してくれる	63.5	10.3	26.2	82.9	17.1
㉑寮生同士の仲が良い	58.5	13.2	28.3	83.8	16.2
㉒自分と気が合わない寮生がいる	16.1	58.5	25.4	78.6	21.4
㉓寮の先生たちが話を聞いてくれる	76.9	5.5	17.7	93.3	6.7
㉔その他	26.0	46.0	28.0	44.3	55.7

目あり、「寮の先生の態度が日によって変わる」「寮の先生たちの話が食い違うことがある」など職員の不適切な対応と子どもに捉えられている事柄である。職員の支援に一貫性がないと子どもに映っていることや、職員の入れ替わりが影響しているとみられる。第4章では夫婦制とそれ以外の支援形態を比較しているが、夫婦制と夫婦制以外（主として交替制）の寮を比較すると、「寮の先生たちの話が食い違うことがある」は、夫婦制以外の寮では特に77.9％にみられた（新藤 2017）。また、「生活しづらい」とい

表2　生活のしやすさ（支援・事柄が「ある」と回答したもののみ、多い順）（単位：%）

	支援・事柄	生活しやすい	生活しづらい	どちらともいえない	（再掲）ある (%)
1	⑭寮のみんなで楽しむことがある	**85.9**	2.0	12.0	93.5
2	⑧好きなことをする時間がある	**85.8**	4.1	10.1	95.5
3	㉓寮の先生たちが話を聞いてくれる	**82.3**	3.2	14.5	93.3
4	⑯自分用のスペースがある	**81.4**	4.1	14.5	86.1
5	⑱寮の先生は自分が頑張ったときに褒めてくれる	**81.2**	2.2	16.6	93.1
6	⑲寮の先生は自分が間違ったときに注意してくれる	**77.1**	6.8	16.2	98.6
7	⑳寮の先生が自分を理解してくれる	**75.6**	3.8	20.6	82.9
8	⑫寮の先生がトラブルを解決してくれる	**75.2**	5.6	19.2	90.3
9	⑰寮や施設の環境が良い	**74.2**	7.4	18.4	82.9
10	④寮長・寮母が夫婦である	**72.2**	5.5	22.4	52.3
11	㉑寮生同士の仲が良い	**69.4**	5.8	24.8	83.8
12	⑤寮長・寮母の子どもがいる	**66.3**	7.1	26.6	46.9
13	②寮の日課がある	**58.9**	20.4	20.7	99.3
14	③寮の先生が日によって交代する	**55.3**	14.9	29.9	73.3
15	⑮寮に自分の居場所がない	**50.8**	19.2	30.0	47.5
16	⑦寮の作業がある	48.3	24.2	27.5	98.6
17	①寮のきまりがある	48.0	21.3	30.7	99.7
18	⑥他の寮に移動する	47.4	26.8	25.8	40.0
19	㉔その他	20.0	66.7	13.3	44.3
20	⑪寮の先生が見て見ぬふりをすることがある	15.4	55.6	29.0	29.9
21	⑨寮の先生たちの話が食い違うことがある	13.2	59.6	27.2	70.6
22	⑬寮で争いごとがある	13.1	60.7	26.2	74.0
23	㉒自分と気が合わない寮生がいる	12.5	67.5	20.0	78.6
24	⑩寮の先生の態度が日によって変わる	9.3	66.4	24.3	49.1

太字：「生活しやすい」50％以上、網掛：「生活しづらい」50％以上

う回答が50％以上のものは、他にも「自分と気が合わない寮生がいる」「寮で争いごとがある」などがあり、寮生との人間関係に関するものであった。こうした生活のしづらさは寮生の人数も影響していると考えられるが、子ども自身が生活しやすいと思う寮生の人数は1〜6人が61.3％（女性では78.0％）を占めているのに対し、実際に6人以下で生活している寮は27.9％にとどまっており、7人以上が72.1％を占めている（図6）。

　「その他」記述内容は、「生活のしづらさ」に関するものと「生活のしや

生活しやすい
（70%以上）
- 寮のみんなで楽しむことがある
- 好きなことをする時間がある
- 自分用のスペースがある
- 寮の先生たちは・・・
  話を聞いてくれる／自分ががんばったとき
  にほめてくれる／自分が間違ったときに注
  意してくれる／自分を理解してくれる／
  トラブルを解決してくれる
- 寮や施設の環境が良い
- 寮長・寮母が夫婦である

生活しづらい
（50%以上）
- 自分と気が合わない寮生がいる
- 寮の先生の態度が日によって変わる
- 寮で争いごとがある
- 寮の先生たちの話が食い違うことがある
- 寮の先生が見て見ぬふりをすることがあ
  る

生活しやすいと思う寮生の人数
1～6人が61.3%（女子は78.0%）

実際の寮生の人数
6人以下で生活しているのは27.9%
7人以上が72.1%

図6　子どもにとっての生活しやすさ・しづらさ

すさ」に関するものが含まれていた。「生活のしづらさ」に関するものと
しては、ルール（変わると生活しづらい／ゆるくしてほしい）、自由時間が少
ない、雑誌やテレビの取り扱いについて注意される、おやつが少ない／飯
が少ない、寮生関係が面倒くさい／寮生の暴言がある、寮の先生によって
好き嫌いが出てくるなどがあった。一方、「生活のしやすさ」に関するも
のとしては、寮の先生たちが気遣ってくれる、寮長先生や寮母先生が優し
い、寮の先生に甘えられる、CD を聴ける時間がある、などがあった。

４．子どもの望む支援は行われているか

　子どもからみて、施設での生活スタイルや職員による支援は、どのよう
に映っているのだろうか。ここでは施設におけるさまざまな支援について、
「家庭的支援」という観点から子どもの意識を考察する。具体的には施設
での支援を構成すると考えられる 29 項目について、a. その支援は実施さ
れているか、b. その支援をうれしいと思うか、c. 本当はあなたの家でやっ

表3　子どもからみた支援の実施状況と子どもの意識（単位：％）

	あなたの寮でやっていますか			うれしいと思いますか			本当はあなたの家でやってほしかったと思いますか		
	1.やっている	2.やっていない	3.わからない	1.うれしい	2.うれしくない	3.わからない	1.思う	2.思わない	3.わからない
①一人ひとりのための誕生会を開く	78.0	15.0	7.0	74.4	6.3	19.3	62.3	15.6	22.1
②一斉に起床する	88.4	7.1	4.5	23.1	31.1	45.8	20.2	47.2	32.6
③みんなで集まっておしゃべりする	70.8	11.6	17.6	57.5	9.4	33.0	48.4	19.2	32.5
④個別に勉強を見てくれる	50.8	26.5	22.7	52.7	12.9	34.4	35.0	30.1	35.0
⑤自分の好きな服を選ぶ	29.5	55.1	15.4	41.7	25.5	32.9	54.9	15.4	29.7
⑥花を飾る	40.5	40.7	18.8	27.6	19.6	52.8	22.7	36.1	41.2
⑦日課表にそって生活する	85.8	6.1	8.1	28.6	30.9	40.5	21.0	45.0	34.1
⑧自分専用の食器がある	39.9	49.0	11.2	38.1	21.4	40.5	39.2	24.1	36.8
⑨洗濯物をたたんでくれる	34.4	54.3	11.4	44.1	21.2	34.6	39.1	27.6	33.3
⑩父親らしさと母親らしさがはっきりしている	27.5	25.4	47.1	28.0	16.7	55.3	40.9	14.8	44.6
⑪寮でチャイムが鳴る	32.6	52.4	15.0	16.7	31.1	52.1			
⑫病気の時に看病してくれる	65.7	6.5	27.9	63.1	7.5	29.3	55.0	14.2	30.8
⑬大人がボタンつけなどの縫い物をしてくれる	76.9	11.2	11.9	69.7	7.4	22.9	52.1	17.5	30.4
⑭一緒に遊んでくれる	71.9	9.8	18.3	68.6	7.9	23.4	51.1	17.9	31.0
⑮自分のアルバムを作ってくれる	15.8	47.1	37.1	32.6	18.8	48.6	39.9	18.8	41.4
⑯季節行事（ひなまつり、クリスマスなど）をしてくれる	83.5	3.5	13.0	77.4	5.3	17.3	61.2	13.3	25.5
⑰お風呂に一緒に入ってくれる	30.7	55.2	14.1	21.7	38.6	39.6	16.3	52.2	31.5
⑱寮ごとの行事がある	65.5	12.8	21.7	62.4	9.4	28.2			
⑲整理整頓の時間が決められている	42.8	33.9	23.3	31.1	24.0	44.9	23.7	32.4	44.0
⑳一緒に食事を作ることがある	62.8	19.3	17.9	53.2	14.3	32.5	53.4	17.5	29.1
㉑掃除当番がある	96.5	1.4	2.1	33.7	32.8	33.4	28.2	38.3	33.6
㉒優しい言葉かけやスキンシップがある	55.7	14.7	29.6	51.8	12.5	35.7	44.4	19.4	36.2
㉓自分たちで食事のメニューを決めることがある	31.3	50.6	18.1	42.2	21.8	36.1	47.6	17.6	34.8
㉔一緒に買物に出かける	74.5	15.1	10.4	70.7	11.1	18.3	59.7	13.3	27.0
㉕個別に自分の話を聞いてくれる	82.4	6.3	11.4	66.0	9.4	24.6	44.9	21.0	34.1
㉖手作りのおやつを作ってくれる	58.5	22.5	18.9	62.5	11.8	25.7	52.2	15.6	32.1
㉗男性らしさと女性らしさがはっきりしている	49.0	9.2	41.8	31.8	11.0	57.2	30.8	12.8	56.4
㉘「自分の寮・自分の施設」と感じている	43.1	22.0	34.9	29.3	23.1	47.5			
㉙自分一人で生活できるように教えてくれる	58.1	11.7	30.3	50.7	12.2	37.1	40.8	15.8	43.4

てほしかったと思うかを尋ねている。また、そのうち28項目については同様の内容を職員にも調査しており、子どもと職員との意識を比較してギャップを検討する。

　まず、子どもが望む支援が行われているのかを考えるうえでは、子どもがうれしいと思う支援や本当は家でやってほしかったことが、どれくらい実施されているかを確認する必要がある。子どもからみた支援の実施状況の結果が表3である。29項目のうち、50％以上の実施率であったものは17項目であった。ただし、寮で実施していないものや入所から調査時点で経験していないことについては、「わからない」を選択していると考えられる。一方、「本当はあなたの家でやってほしかったと思うか」については、寮で実施しているかどうかにかかわらず子どもの思いや願いとしての回答である。しかし、「わからない」という回答には、その支援自体を経験したことがないために「わからない」という場合と、経験はしているものの、判断がつかないので「わからない」という場合の両方の可能性が推察される。

　以降では、子どもの主観的な意識や気持ちを捉えるために、寮で行われている支援をうれしいと思うかどうかを軸に、それらの支援の実施率や本当は家でやってほしかったと思うかどうかを確認する。

　「あなたの寮でやっていますか」という問いに対して「やっている（実施している）」と回答したもののうち、子どもが「うれしいと思う」と回答した割合が高い項目を並べたものが表4である。「うれしいと思う」割合がもっとも高かったものは「手作りのおやつを作ってくれる」88.9％であるが、寮での実施率は58.5％であった。寮で実施されている項目のうち、「一緒に遊んでくれる」88.8％、「季節行事をしてくれる」88.6％、「一緒に買物に出かける」86.8％など14項目は80％以上が「うれしいと思う」と回答していた。一方で、それらを「本当は家でやってほしかったと思うか」を尋ねたところ、80％以上が「思う」と回答した項目はみられなかった。つまり、寮で実施されていて、それを経験している子どもの80％以上が「うれしいと思う」支援であるにもかかわらず、それらを家ではやっ

てほしかったと思うと回答した割合は35.0％〜62.3％にとどまっていたのである。子どもは、寮で実施されている「うれしいと思う」支援を、必ずしも自分の家庭に求めているわけではないと解釈することもできるが、子どもが自分の家庭を思い浮かべたときに現実的ではない（現実には家でやってもらうことは難しい）と感じて、「あきらめ」という意味で家ではやってほしいと思わないのかもしれない。

　家でやってほしかったと「思う」割合がもっとも高かったものは「一人ひとりのための誕生会を開く」62.3％、次いで「季節行事をしてくれる」61.2％、「一緒に買物に出かける」59.7％であり、どちらかと言えば日常生活の中のイベント的な内容の項目であった。その次に多かったものは、「病気の時に看病してくれる」55.0％、「手作りのおやつを作ってくれる」52.2％、「大人がボタンつけなどの縫い物をしてくれる」52.1％であり、普段の日常生活のなかで大人が子どものために時間や手間をかけて行うものであった。

　「自分のアルバムを作ってくれる」は、寮での実施率が低いものの、それが実施されている寮の80％以上の子どもがうれしいと思っているにもかかわらず、家でやってほしかったと思うかについては、「思う」が39.9％であり「わからない」が41.4％を占めている。また、「個別に勉強をみてくれる」は、寮での実施率が50％を超えており「うれしいと思う」が82.3％であるが、家でやってほしかったと「思う」は35.0％にとどまっており、「思わない」が30.1％となっている。これらのことから、子どもたちの育ちのなかで、自分のアルバムを作ってもらった経験や家で勉強を教えてもらう経験が少なかったため、それらの取り組みを親が行うというイメージがもちづらい状況にあることが推察される。勉強については、施設内学校の満足度が高いことも踏まえると、子どもの生活環境が勉強に対する意識に影響を与えていると考えられる。

　また、寮の生活のなかで「父親らしさと母親らしさがはっきりしている」についての実施は27.5％であるものの、実施されている寮では、79.1％が「うれしい」と感じている。先にみたように、「寮長・寮母が夫婦で

ある」と回答した52.3％は夫婦制の寮であると考えられるが（表1）、夫婦制であるからといって、必ずしも子どもたちは「父親らしさと母親らしさがはっきりしている」とは感じていない。しかし、その環境で生活している子どもの72.2％は「生活しやすい」と回答している（表2）。だが、家で「父親らしさと母親らしさがはっきりして」いてほしいと「思う」子どもは40.9％と約半数にとどまっている。関連する項目として、寮生活のなかで職員の「男性らしさと女性らしさがはっきりしている」と受け止めている子どもは60.0％であるが、家でそうであってほしいと「思う」は30.8％にとどまり、「わからない」が56.4％となっている。

　つまり、寮生活における職員の父親らしさ、母親らしさに加えて、男性らしさ、女性らしさを子どもたちは肯定的に受け止めているものの、自分の家でそうであってほしいかと言えばそうではないと思っている様子がうかがえる。施設入所前に生活していた家庭における父親（あるいは継父）の男性らしさや母親（あるいは継母）の女性らしさは、子どもたちの複雑な思いを引き起こすことにつながっているのかもしれない。一方で、【調査3】現職の職員へのヒアリング調査では、たとえば、従来は母親や女性が行うものというイメージが強い料理や裁縫についても男性寮長が担当するなど、ステレオタイプの性別役割分業とは、異なった支援が行われていることが明らかにされている（詳しくは第5章参照）。子どもたちが施設入所前の生活で見聞きし経験してきた性別役割分業がステレオタイプなものであるとするならば、男性あるいは女性「らしさ」、父親あるいは母親「らしさ」に対するイメージが寮生活を通して揺らいでいることが、寮生活での「らしさ」の肯定と、自分の家でそうであってほしいかどうかはわからない、という回答の多さにつながっているのかもしれない。

　一方で、実施率が高いものの、子どもが「うれしくない」と感じている項目もある。実施率では「掃除当番」96.5％、「一斉に起床する」88.4％、「日課表に沿って生活する」85.8％であるが、この3項目は子どもの気持ちとして「うれしくない」と回答した割合が30％以上を占め、それぞれ

表4 寮で実施されている項目のうち「うれしいと思う」割合が高いもの（多い順）（単位：％）

項目	うれしい	うれしくない	わからない	寮での支援実施率	家でやってほしかったと思うか		
					思う	思わない	わからない
㉖手作りのおやつを作ってくれる	**88.9**	3.2	7.9	58.5	**52.2**	15.6	32.1
⑭一緒に遊んでくれる	**88.8**	2.2	9.1	71.9	**51.1**	17.9	31.0
⑯季節行事（ひなまつり、クリスマスなど）をしてくれる	**88.6**	3.6	7.9	83.5	**61.2**	13.3	25.5
㉔一緒に買物に出かける	**86.8**	3.7	9.5	74.5	**59.7**	13.3	27.0
①一人ひとりのための誕生会を開く	**86.7**	3.6	9.8	78.0	**62.3**	15.6	22.1
⑮自分のアルバムを作ってくれる	**85.5**	3.8	10.7	15.8	39.9	18.8	41.4
㉓自分たちで食事のメニューを決めることがある	**85.5**	4.2	10.3	31.3	47.6	17.6	34.8
⑬大人がボタンつけなどの縫い物をしてくれる	**84.7**	2.7	12.7	76.9	**52.1**	17.5	30.4
⑱寮ごとの行事がある	**84.5**	5.6	9.8	65.5	－	－	－
⑫病気の時に看病してくれる	**84.3**	3.5	12.2	65.7	**55.0**	14.2	30.8
㉒優しい言葉かけやスキンシップがある	**83.4**	4.2	12.5	55.7	44.4	19.4	36.2
⑤自分の好きな服を選ぶ	**83.1**	2.0	14.9	29.5	**54.9**	15.4	29.7
④個別に勉強を見てくれる	**82.3**	5.3	12.5	50.8	35.0	30.1	35.0
㉙自分一人で生活できるように教えてくれる	**80.7**	6.4	13.0	58.0	40.8	15.8	43.4
⑩父親らしさと母親らしさがはっきりしている	**79.1**	5.1	15.8	27.5	40.9	14.8	44.6
㉕個別に自分の話を聞いてくれる	**78.3**	5.8	15.8	82.4	44.9	21.0	34.1
⑨洗濯物をたたんでくれる	**77.9**	7.2	14.9	34.4	39.1	27.6	33.3
⑳一緒に食事を作ることがある	**73.4**	7.6	19.1	62.8	**53.4**	17.5	29.1
③みんなで集まっておしゃべりする	**73.1**	5.6	21.4	70.8	48.4	19.2	32.5
⑧自分専用の食器がある	**70.9**	6.4	22.7	39.9	39.2	24.1	36.8
㉘「自分の寮・自分の施設」と感じている	63.3	10.9	25.8	43.1	－	－	－
㉗男性らしさと女性らしさがはっきりしている	60.0	8.1	32.0	49.0	30.8	12.8	56.4
⑲整理整頓の時間が決められている	55.5	21.6	23.0	42.8	23.7	32.4	44.0
⑥花を飾る	49.8	12.2	38.0	40.5	22.7	36.1	41.2
⑰お風呂に一緒に入ってくれる	46.1	24.7	29.2	30.7	16.3	52.2	31.5
⑪寮でチャイムが鳴る	35.6	29.6	34.7	32.6	－	－	－
㉑掃除当番がある	34.7	33.0	32.3	96.5	28.2	38.3	33.6
⑦日課表にそって生活する	31.9	31.6	36.4	85.8	21.0	45.0	34.1
②一斉に起床する	25.0	30.8	44.1	88.4	20.2	47.2	32.6

太字：「うれしい」50％以上、家でやってほしかったと「思う」50％以上
網掛：「うれしくない」30％以上、家でやってほしかったと「思わない」30％以上
太枠：寮での実施率50％以上

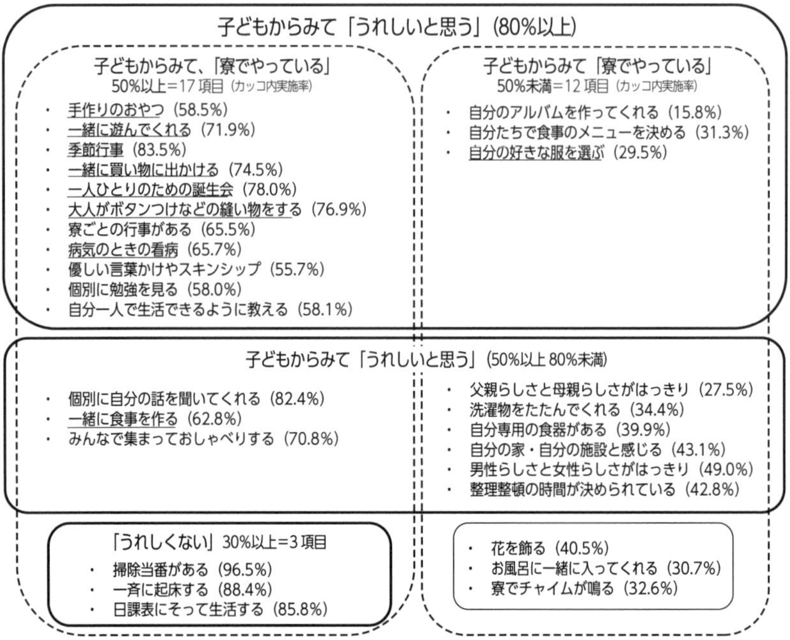

子どもからみて「うれしいと思う」（80%以上）

子どもからみて、「寮でやっている」
50%以上＝17項目（カッコ内実施率）
- ・ 手作りのおやつ（58.5%）
- ・ 一緒に遊んでくれる（71.9%）
- ・ 季節行事（83.5%）
- ・ 一緒に買い物に出かける（74.5%）
- ・ 一人ひとりのための誕生会（78.0%）
- ・ 大人がボタンつけなどの縫い物をする（76.9%）
- ・ 寮ごとの行事がある（65.5%）
- ・ 病気のときの看病（65.7%）
- ・ 優しい言葉かけやスキンシップ（55.7%）
- ・ 個別に勉強を見る（58.0%）
- ・ 自分一人で生活できるように教える（58.1%）

子どもからみて「寮でやっている」
50%未満＝12項目（カッコ内実施率）
- ・ 自分のアルバムを作ってくれる（15.8%）
- ・ 自分たちで食事のメニューを決める（31.3%）
- ・ 自分の好きな服を選ぶ（29.5%）

子どもからみて「うれしいと思う」（50%以上80%未満）
- ・ 個別に自分の話を聞いてくれる（82.4%）
- ・ 一緒に食事を作る（62.8%）
- ・ みんなで集まっておしゃべりする（70.8%）

- ・ 父親らしさと母親らしさがはっきり（27.5%）
- ・ 洗濯物をたたんでくれる（34.4%）
- ・ 自分専用の食器がある（39.9%）
- ・ 自分の家・自分の施設と感じる（43.1%）
- ・ 男性らしさと女性らしさがはっきり（49.0%）
- ・ 整理整頓の時間が決められている（42.8%）

「うれしくない」30%以上＝3項目
- ・ 掃除当番がある（96.5%）
- ・ 一斉に起床する（88.4%）
- ・ 日課表にそって生活する（85.8%）

- ・ 花を飾る（40.5%）
- ・ お風呂に一緒に入ってくれる（30.7%）
- ・ 寮でチャイムが鳴る（32.6%）

図7　子どもがみた支援の実施状況と「うれしいと思う」項目の関連
（下線は「自分の家でやってほしかったと思う」50%以上の項目＝9項目）

30 〜 40%がうれしいかどうか「わからない」と回答している。そしてこの3項目は24項目のうちもっとも実施率が高い項目でもある。

　以上の集合関係をまとめたものが図7である。子どもの視点からみて、より一層重視すべき支援と再考すべき支援が示されている。すなわち、第一に、その支援を経験した子どもの80%以上がうれしいと思う項目で、すでに50%以上の寮で実施されているもの（手作りのおやつ、一緒に遊んでくれる、季節行事など）は、職員からの支援を子どもたちが前向きに受け止めているということを示しており、こうした取り組みは、よりいっそう重視すべきものである。第二に、子どもからみてうれしいと思う割合が非常に高い（80%以上）にもかかわらず、実施率が50%以下であるもの（自分のアルバム、自分たちで食事のメニューを決める、自分の好きな服を選ぶ）

夫婦制で実施している割合が 10 ポイント以上高いもの	夫婦制以外で実施している割合が 10 ポイント以上高いもの
①一人ひとりのための誕生会を開く ⑥花を飾る ⑨洗濯物をたたんでくれる ⑩父親らしさと母親らしさがはっきりしている ⑳一緒に食事を作ることがある ㉖手作りのおやつを作ってくれる	⑦日課表にそって生活する ⑭一緒に遊んでくれる ⑰お風呂に一緒に入ってくれる

は、この支援が不足していることを示しており、この支援が子どもにとってどのような意味があるのかをより詳しく考察したうえで、この支援を可能にするための手立てや職員の意識を醸成するための取り組みを検討すべきであろう。第三に、子どもからみてうれしいと思う割合が50％〜80％にある項目のうち、実施率が高いもの（個別に話を聞く、みんなで集まっておしゃべりをするなど）は、よりいっそうその支援の質を高めることによって、子どもがうれしいと思う、つまり職員からの支援をさらに前向きに受け入れることにつながる可能性があるのではないだろうか。第四に、子どもからみてうれしいと思う割合が50％〜80％にある項目のうち、実施率が50％未満であるもの（父親らしさと母親らしさがはっきりしている、洗濯物をたたんでくれる、など）は、支援体制が夫婦制か交替制かによっても影響を受ける支援であると考えられる。なお、夫婦制とそれ以外の支援体制による支援実施率の違いについて、詳しくは第4章で述べられているが、子どもがうれしいと思う支援は夫婦制で実施率が高いことがわかる。

　第五に、実施率が非常に高い（85.8％〜96.5％）にもかかわらず、子どもがうれしくないと感じている支援があることである。それがこの3項目「掃除当番」「一斉に起床する」「日課表にそって生活する」であり、一般の家庭生活のなかでは行われているとは考えにくいものが含まれている。児童自立支援施設における家庭的支援と「枠のある生活」の両立の難しさを表している項目であり、子どもにとってどのような家庭的支援が望まれるのかという文脈で、福祉的・教育的な観点からも再検討すべき項目であ

ると考えられる。

5．家庭的支援は行われているか
——子どもと職員の意識の比較

　次に、【調査４】子どもアンケート調査（n=1,055）と、【調査２】職員アンケート調査（n=1,218）を用いて、両方に同じ主旨の内容をたずねている支援（28項目）の結果を比較する。職員調査では、その支援を３つの観点（x.重要だと思うか、y.家庭的だと思うか、z.実施しているか）からたずねている。まず、28項目のうち実施率が半数（50％）以上であるものは21項目であった。次に、重要度については、28項目のうち25項目について「とても重要である」「まあまあ重要である」と回答した割合が50％以上を超えている。一方で、「家庭的だと思うか」については、家庭的だと「強く思う」「まあまあ思う」と回答した割合が80％以上であるものは19項目、50％以上であるものは25項目であった。50％以下である項目は、「一斉に起床させる」「日課表を使用する」「施設内の一斉チャイム」の３項目であった。

　子ども調査との比較では、その支援項目を、①実施しているかどうか（子どもと職員で認識が異なっている可能性がある）、②家庭的だと思うか（職員）、③うれしいと思うか（子ども）の観点から検討する。これらの視点からみた支援に関する意識の集合関係は図８のとおりである。ここから理解できることとして、次の５点があげられる。第一に、職員の80％以上が家庭的だと思う支援の多くは、50％以上の子どもたちが「寮でやっている」と認識しており、また、50％以上の子どもが「うれしい」と感じていることである。「季節行事」や「個別に自分の話を聞いてくれる」、「一人ひとりのための誕生会」などがそれにあたる。第二に、職員の50％以上が寮で実施していると認識している項目であっても、子どもからみると「寮でやっている」という認識が50％未満であるものがあり、意識の

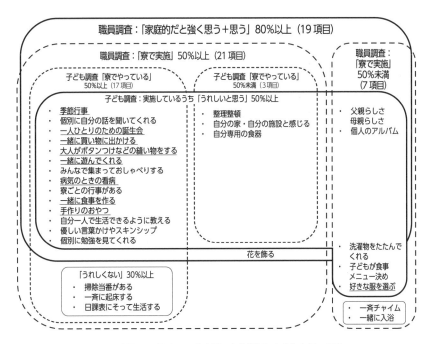

図8　職員と子どもからみた支援の実施状況と家庭的支援の意識
（下線は「自分の家でやってほしかったと思う」50％以上の項目＝9項目）

　ギャップが見られることである。「整理整頓」「自分専用の食器」「自分の
寮・自分の施設と感じる」がそれにあたる。
　第三に、子どもからみても職員からみても、寮での実施率80％以上と
非常に高いにもかかわらず、子どもが「うれしくない」と思う項目がある。
「掃除当番がある」「一斉に起床する」「日課表にそって生活する」がそれ
にあたる。この3項目については、子どもからするとうれしくないものの、
職員はいずれも80％以上が重要であると捉えている。第四に、職員調査
では80％以上が家庭的であると認識しているものの、50％未満の実施率
であるが、実施されている子どもからみると50％以上の子どもがうれし
いと思う支援がある。「父親らしさと母親らしさがはっきりしている」「自
分のアルバムを作ってくれる」がそれにあたる。これらの実施率は低いも

のの、子どもが求めている支援であると考えられる。第五に、その支援を経験した子どもの50％以上がうれしいと思っているものの、職員からみると必ずしも家庭的ではなく実施率も50％未満である項目がみられる。「洗濯物をたたんでくれる」「子どもが食事メニューを決める」「自分の好きな服を選ぶ」がそれにあたる。とくに「洗濯物」と「好きな服」については、職員調査では重要度も50％未満であった。これらの項目は、職員の意識と子どもの意識にずれがあると考えられる。

　全体として、実施率が高く子どもがうれしいと思う支援の多くは、子どもが子どもでいられるような受動的権利を保障するものである。社会的養護において受動的権利の保障につながる支援は、寮生活のなかで子どもが職員との関係を安心で安全なものであると感じることができる支援でもある。一方で、子ども自身が食事メニューを「決める」、好きな服を「選ぶ」といった、子どもが主体性を持つ取り組みの実施率は高くない。児童自立支援施設において子どもに対する家庭的支援を考えるうえでは、日々の生活のなかで、子どもの能動的権利を主体的に発揮できる経験を積み重ねられる支援も、より充実させるべきではないだろうか。

６．まとめにかえて
——子どもの視点から出発するために

　最後に、興味深いデータをお示ししたい。図９は１つの寮（ユニット）で生活するにあたっての適正人数を【調査２】【調査４】において子どもと職員にたずねた結果である。その結果、子どもが生活しやすいと思う寮生の人数は１〜６人と回答したものが61.3％を占め、女性に限定すると78.0％が６人以下と回答した。しかし、実際の寮生の人数は１〜６人で生活しているものは27.9％にとどまり、７人以上の寮で生活している子どもが72.1％を占めていた。全体としては現在の寮生の人数は８人が最も多く、次いで９人、10人以上も20.5％あった。一方、職員に対して良い支援が

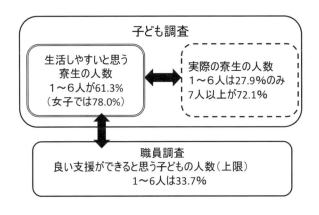

子ども調査

生活しやすいと思う
寮生の人数
1〜6人が61.3%
（女子では78.0%）

実際の寮生の人数
1〜6人は27.9%のみ
7人以上が72.1%

職員調査
良い支援ができると思う子どもの人数（上限）
1〜6人は33.7%

図9　1つの寮（ユニット）の適正人数に関する比較

できると思う子どもの人数をたずねたところ、1〜6人を上限にあげたものは33.7％にとどまっていた。つまり、7人以上でも良い支援ができると考えている職員が66.3％を占めているということである。

「新しい社会的養育ビジョン」（2017年）では、家庭的養育を優先させること、施設養護もできるかぎり家庭的な教育環境の形態に変えていくことが明確に示されている。その一方で、家庭的養育の必要性が明確になっていないとされてきたのが、児童自立支援施設が対象としてきた子どもたちである。しかし、これまでみてきたように、半数以上の子どもが家族からの暴力を経験し、親に悩みごとを話せておらず、「本当はもっと話したい」と思っている。子どもは大人との安心・安全なコミュニケーションを求めており、寮生活で子どもたちがうれしいと感じている支援は、人生で初めての「家庭的」な経験となっている可能性もある。施設での支援のすべてが家庭的ではないし、施設での支援に家庭的な要素を取り入れているというのが現実であるが、子どもの視点から、子どもが心地よいと感じることや、うれしいと思う生活がどのようなものかを捉えることが、なぜ家庭的支援が必要であるのかを考えるための出発点になるのではないだろうか。

そもそも「家庭」とは何なのか、「家庭的」とはどのようなものを指すのか、いずれも定義することは難しいが、多くの子どもが肯定的に捉えている支援を「家庭的支援」と名付け、肯定的に捉える子どもが少ない支援を「家庭的支援」ではないものと定義することができるかもしれない。子どもと職員の間では、どのような支援を「家庭的支援」と捉えるのかについての認識には大きな差はみられなかったが、子どもが求めている支援と職員が実施している取り組みには大きなギャップがみられるものもあった。施設の生活の中では家庭的とは言えない支援であっても実施されており、職員自身もそのことを認識していた。たとえば、児童自立支援施設が伝統的に重んじてきた「枠のある生活」の実践は、具体的な支援としては、一斉に起床することや日課表に沿った生活として具現化していると考えられる。こうした支援や取り組みを「うれしくない」と感じる子どももみられ、職員の側も家庭的支援とは言えないと認識しながらも実施している状況が垣間見える。一方、客観的にはさまざまな困難のある家庭であっても、子どもにとっては「枠のある生活」に代表される、職員の専門的な意図をもった支援よりも、「家のほうがまだまし」と思っている可能性もある。児童自立支援施設が、子どもにとってどういった生活が心地よい生活であるのかを経験する場でもあるとするならば、家庭的支援の在り方は子どもと職員の相互作用によって創出されるのではないだろうか。「社会的養護の課題と将来像」の見直しの必要性の根拠として、児童自立支援施設での家庭的環境の必要性が明確になっていないことが指摘されている。施設における家庭的支援の実施にあたっては、職員の主観が強く反映されているが、子どもの主観も含めて検討されるべきであろう。

　これまで、児童自立支援施設で生活する子どもの意識や意見が公式的に表明される機会が確保されてきたとは言い難い。子どもは、子どもの意見に耳を傾ける大人がいてはじめて意見を言うことができる。調査では、8割以上の子どもが「寮の先生は自分を理解してくれる」、「個別に自分の話を聞いてくれる」と回答している。「あなたの意見は大切である、尊重さ

れる」と子どもが感じられる経験を積み重ねていくことができるのが児童
自立支援施設の強みである。だからこそ、本章での子どもアンケート調査
結果に表現されている子どもの意見をどのように反映することができるの
かが、直接的支援を行う職員のみならず、制度・政策に反映させることも
含めて私たち大人に問われている。今後は、子どもたちとともに児童自立
支援施設の生活について話し合い、家庭的支援や家庭的環境がどうあるべ
きか検討していく必要があるのではないだろうか。

【注】

1 2022年6月、こども基本法が成立した。こども施策の基本理念として、意見を表明
する機会及び多様な社会的活動に参画する機会が確保されること、全てのこどもに
ついて、意見が尊重され、その最善の利益が優先して考慮されることが掲げられて
おり、具体的なしくみ作りが課題となっている。

2 厚生労働省子ども家庭局・厚生労働省社会援護局障害保健福祉部（2020）「児童養護
施設入所児童等調査結果（平成30年2月調査）」によれば、児童自立支援施設に入
所している児童の心身の状況について、障害等に該当する子どもは61.8％であった。
内訳（複数回答）は、ADHD（注意欠陥・多動性障害）30.0％、広汎性発達障害（自
閉症スペクトラム）24.7％、知的障害12.4％、反応性愛着障害11.5％などである。ま
た、「被虐待経験あり」が64.5％であった。内訳（複数回答）は、身体的虐待64.7％、
ネグレクト49.8％、心理的虐待35.3％、性的虐待5.9％である。

3 国民生活基礎調査（2021年）によると、ひとり親世帯の44.5％が相対的貧困の状態
にあることがわかっている。なお、厚生労働省「令和3年度全国ひとり親世帯等調
査結果報告」によれば、ひとり親世帯のうち、88.9％が母子世帯である。

4 たとえば小林・小木曽（2009）でもこうした状況について触れられている。

【文献】

岩田美香（2013）「『非行少年』たちの家族関係と社会的排除」『大原社会問題研究所雑
　　誌』657, pp.19-31
小林英義（2006）『児童自立支援施設の教育保障』ミネルヴァ書房
小林英義・小木曽宏編（2009）『児童自立支援施設これまでとこれから』生活書院
新藤こずえ（2017）「入所児童の意識からみた支援の違い──夫婦制と夫婦制以外のケア

を比較して」岩田美香（研究代表）『社会的養護における「家庭的」支援の検討─児童自立支援施設からの考察 - 2016 年度調査報告書』pp.21-42

Charlton, James. I.（1998）Nothing About Us Without Us：Disability, Oppression, and Empowerment, University of California Press.（＝ 2003, 岡部史信監訳『私たちぬきで私たちのことは何も決めるな──障害をもつ人に対する抑圧とエンパワメント』明石書店）

長瀬正子（2019）「子どもの「声」と子どもの貧困」『生まれ、育つ基盤─子どもの貧困と家族・社会』明石書店

永野咲（2019）「日本における当事者参画の現状と課題」『子どもの虐待とネグレクト』21（1）, pp.8-14

元北海道立向陽学院長　　　梶原　敦

今から40年前、教護院（現児童自立支援施設）で
児童福祉の世界との関わりが始まった

　当時はまだまだ非行少年と言われてきた子どもたちが大勢いて、出口の見えない、不満・不信・不安と格闘している状況であった。簡単に人を信じることはできず、自分の将来を見通すこともできず、居場所さえも十分に用意されていない中での生活を強いられてきた。家族との軋轢や学業不振、他者との適切な関係をもつこともできず、日々ストレスと闘いながら、社会とは表面的な折り合いの中で日々を送っていたと思い返す。

　私のいた施設は「小舎夫婦制」という形態で運営されていて、特定の職員との関係性を重視した生活支援を行ってきた。

　その頃の子どもたちは、あらけずりの状態で、不信や不満につき動かされ、自らを粗末に扱い、出口の見えない葛藤の中で毎日もがいている状態だった。それが毎日の単調ともいえる日々を過ごしているうちに、角が取れ、磨き上げられていった。実は、単調に見える生活の中に、数多くの貴重な体験が含まれていたからである。ある子どもにとってはリハビリテーションの場であり、また、生まれて初めての体験も含まれていた。他者との関係性構築でも、失敗や成功を体験し、距離感やタイミングを覚えていった。形態的にはあくまで集団ではあったが、子どもたちに必要な家庭的要素が含まれていたと思う。

家庭を感じるエッセンス

　今回の研究で、家庭的支援として必要と思われる項目のうち上位のものに着目すると、次のような結果を得た（本研究の【調査2】において、「家庭的だと思う」との回答が85％以上であった項目）。

①一緒に遊ぶ

②個々の子どもとの対話

③子どもへの愛情表現

④一緒に調理をする

⑤整理整頓を教える

⑥季節行事を行う

⑦繕い物やボタン付けをする

⑧個別の誕生会をする

⑨病気の時に看病する

⑩一緒に買い物に出かける

⑪手作りおやつを出す

⑫退所後の生活スキルを身につける

⑬花を飾る

⑭小グループ（寮単位）での行事

⑮みんなでおしゃべりをする

　これらの項目で、共通するキーワードは「一緒に」「個々の」「話す・遊ぶ」である。そして、寄り添うものの存在がある。さらに、有形、無形の文化が漂う環境がある。

　この結果にはうなずける部分が多い。施設での生活の中にはこれらの要素が溶け込んでいて、実践していることが多い。

　基本的生活の不足部分は、本人の自尊感情を損なわないように気をつけながら、経験機会を準備して補う。さらに、自己統制力を強化するために言語化する機会をたくさん用意する。集団の中にあっても、個人としての営みをできるだけ大切にして、個別化を図る。

　社会的養育における家庭的な養育とは、決して出自家庭を再現するものではない。

将来の自らの生活のヒントになる環境が散りばめられていなければならない。これまでの生活とは異なり、慣れない生活で戸惑いがあるかもしれないが、基本的な生活を通して自分の居場所を作る練習の場となっていくのである。その場所に自分がいる価値を見いだし、なにがしかの目標を定めて、進むことを始める。その後押しをするのが家庭的な環境なのである。家庭的とは何をもっていうのだろうか。いろいろな要素が浮かんでは消える。決定的なものをつかみ切れてはいないが、おぼろげながら次のように考えた。

- ・安心と落ち着きの提供場所
- ・自分の居場所として気を使わなくてもいい場所
- ・自分に属する空間がある場所
- ・気の置けない仲間（支援者）のいる場所
- ・自分の甘えを出せる場所
- ・生活の基本がそろえられている場所

このような場所が、自我の同一性を確立するための環境となり得るのではないだろうか。

残念ながら、当時の私は、日々の対応に追われ、このように考えることはできていなかったが、子どもたちの先行きを考え、今必要なこと、次に必要になること、そして将来必要となることを階層的に考えて対応していたと思う。

心に残る教え

今回の調査、研究をまとめながら、懐かしい回想をすることができた。

そのきっかけとなったのが、還暦を迎えることになり、定年が間近になったときに思いがけない退院生の訪問が続いたことであった。施設を離れる子どもたちの、その後の生活は、決して順風満帆ではない。施設ではアフターケアとして成人に達

するくらいまでは職場を訪ねたり、面会するなどして、見守りをしているが、生活が落ち着くと、一人の大人として認め、こちらから積極的な関わりをもつことはない。受け身の姿勢をもち続け、幸せな生活を祈ることしかない。そうして時間の経過とともに、子どもへの記憶を薄れさせてしまう。最初の訪問者はそんなときだった。

　私が勤務していた施設に突然の電話がかかってきたのだ。「退院生のAですけれど、梶原先生はまだそちらにいますか？」という内容で取り次いでくれたが、とっさに名前を思い出すことができなかった。少し時間を要したが、当時のことを思い出すことができた。電話を受け取り、紋切り型で「電話代わりました。どちら様ですか」と少し意地悪をしてみた。一瞬間を置いて、改まった口調で「〇年くらい前に〇〇寮にいたAです」と話し始めた。しっかりした口調で対応した声を聞いて嬉しさが込み上げてきた。あれから何年が経ったのだろう、ずいぶん立派になったな。そう思いながら「Aか、しばらくだなぁ。元気そうだね。すっかり立派になって感心したよ」そう切り返すと、「先生覚えていてくれたんだー」と涙声になった。

　「今どこに住んでいるの」と尋ねると、「B市です」と教えてくれた。

　「今、実家の墓参りで家族で近くまで来ているんです」「訪ねていってもいいですか？」「急ですみません」思いがけない訪問者を拒む理由はない。「いいよ、待っているから、気をつけておいで」と声をかけた。しばらく待つと、紙袋を手に満面の笑みを浮かべてAが顔を見せた。

　「家族は？」と聞くと、「車で待っていてもらっているの。だって一緒にいたら昔話できないでしょ」

　それからしばらく、当時を思い出しながら昔話に花が咲いた。残念ながら、すっかり忘れていた当時のエピソードを次から次と聞かされ、施設での支援の重要性を改めて感じた。施設での生活体験が、大切な位置付けとなっていて、施設を出てからの苦労話から始まり、家族、子育て……と話は途切れることはなかった。

　彼女は施設に来てから、しばらくは集団の生活に溶け込むことができなかった。

自分から溶け込むことができず、いつも待ちの姿勢であったが、一人でいることが多かった。意地っ張りで、負けん気の強い彼女は泣き虫であった。その彼女の支えとなったのが、寮母の寄り添いと、寮の仲間の支えであったと思う。寮母は根気よく彼女に付き合った。話を聞き、個としての彼女を認め、支えてくれた。そうしているうちに仲間との交流もできるようになり、表情も豊かになっていった。

　彼女は退所後に実家に戻り、仕事をしながら安定した生活を送っていた。私が知っているのはそこまでであった。

　その後、伴侶と出会い、母となって家族を作り、幸せな生活を送ってきたという話を聞いた。「うちの家族は仲がいいんですよ」と自慢げに話す表情は自信に満ちていた。「私、ここで苦労したから人の気持ちが少し分かるようになりました。先生にはずいぶん叱られて、あのときは頭にきたけど、今は少し気持ちが分かる気がします。うちの子を育てるときにそう感じました。先生を手本に頑張ったんですよ。偉いでしょ」

　彼女も家庭的な雰囲気を感じながら、巣立っていったのだと思う。仲間と話をし、話を聞いてもらいながら自己を確立していったのだろう。

　社会的養護の中で、子どもたちに提供できるものには限りがある。その中でも、個としての存在を大切にしたうえで集団を考えていくことが大切だと思う。施設の文化に順応するだけを目標と捉えると、個の存在が薄れ、無理な生活を強いることに繋がってしまう。集団の中では、平均や画一的な重み付けではなく、自らの強みを生かしながら不足の部分を互いに補完し合うことで成り立つ、微妙なバランスが彼女たちの成長を支えていく。

　「話すこと」「聴くこと」「伝えること」「考えること」「判断すること」「実行すること」それらが、繋がっていく。組み立てが、少しずつ長くなり、他からの評価も加えられて強化されていく。これらが子どもたちの将来への糧である。

思いがけない訪問

　そんな出会いが続いて、再び退院生の訪問を受けた。

　誕生日の少し前に、地元で生活しているCが花束を持って尋ねてきた。最後に会ってからは20数年が経過していた。思いがけない訪問者であった。退院後もたまに連絡があり、施設を出てから少し落ち着かない生活を過ごし、結婚したことまでは知っていたが、その後の状況は分からないままであった。施設にいたときはお調子者だったが、しっかりした考えをもっていた。そのせいか、他の子どもとのトラブルが多くて、イライラしたり不安定な時期が多かったと思う。でもあまり表情には出さず、ひょうきんな振る舞いで、その場を取り繕うのがうまかった。

　立派な花をいただき、感謝の言葉を伝えると、照れくさそうな表情を見せ、「先生60歳になったんだよね。時々噂してたんだ。先生にたくさん叱られて、成長したんだから。少し怖かったけれど、叱られるとなんかホッとしていたんだ。いつも話を聞いてくれたし、相談に乗ってくれたし」

　「へえー、そうだったっけ」と相づちを打つと、「えっ、覚えてないの。先生も年だから、少しぼけ始めたかなー」と切り返す。「寮ではいつも一緒に生活していたから、一人っ子の私は、姉妹ができたみたいで嬉しかったし、先生たちも、本当の親とは違うタイプの親みたいで、初めは慣れなかったけれど、何言っても怒らないで聞いてくれるから嬉しかったんだよ」と一気に話し始めた。「喧嘩もよくしたけど、今でも交流のある子もいるんだよ。励まし合える存在だったので、ずるずると付き合ってるさ」といいながら照れくさそうに笑った。笑い方の豪快さも「あの頃と変わりないな」と思い出させてくれた。

支え合うことの意味

　つい先日、前述のCから突然電話がかかってきた。「先生、Dさん覚えていますか？」と切り出した。その名を聞いて懸命に記憶をたぐり寄せて、「目の大きな、すらっと背の高い子だったよね」と返すと「そうそう、先生よく覚えていたね。D

が〇月△日に亡くなったんだ。今年の正月くらいから体調を崩していたんだけれど、お店しているので少し無理していたみたいなの。膵臓がんだったみたいで、入院したときには手遅れだったみたい。先生には連絡しなければと思い電話しました」そんな話を聞いて、当時のことを思い出そうとした。「おしゃべり好きで、何でも一生懸命で、よく仲間とぶつかっていたよね」「そうそう、Dは真面目で、生意気だったけど、出てからも付き合いがあったんだ。少し落ち着いたら、私たちお参りに行く予定なの。先生の分もお参りしてくるね」「私たちってだれと行くの？」「Eちゃんと一緒に行く予定。私たちさ、Dも含めて、退院してからも色々と助け合いながら頑張ってきたの。人生、失敗もあったけど、結構、助け合ってきたんだ。先生方は『ダメだよ』っていうけどいい付き合いもあるんだよ。Eちゃんも先生に会いたがっていたよ。『よく叱られた』って言ってたよ」そんな話をして、電話を切った。あれから30余年が経過しているが、話し始めると、遡った時間を共有することができる。忘れた頃に突然電話をくれて、一方的に話して、一方的に少しだけ落ち着きを取り戻し、電話を切る。そんな関わりの中から学ぶことが多い。

　個としての自分を認めてもらい、自分が必要とするときに少しだけ話し相手になってくれて、気持ちを整えることのできる存在。それが安心に繋がるならそれでいい。

　家庭的な養育に繋がるものとして、このような関係性を持続することが大切なことだと感じる。施設で苦労して生活したことが無駄にならず、その後の生活に少しでも役に立つことを信じながら。

　この精神的な支えになるものが、物理的な雰囲気と相まって、子どもたちの自立を支えていく要素になることを認識しなければならない。おっくうに思わず、個々の子どもに応じた環境作りのための細かな計画が必要である。

結びに

　家庭を離れての社会的養育のスタートは、子どもたちにとって非日常的な生活か

ら始まる。日々の生活もそれまでとは大きく異なり、戸惑いも多いことだろう。これまでの生活空間からの別離の悲しさや将来への不安などが渦巻く。関係性の構築も苦労するだろう。それらの不安や緊張が軽減され、当初は、辛いと思われた日々の生活が、日常として受け入れられるように変わっていく。その変化を支えているものは何か。子どもたちが家庭らしさを認知する瞬間であると言えるのではないか。

第4章
施設形態の違いからみた家庭的支援

相澤　仁

　ここでは、小舎夫婦制（以下「夫婦制」という）の支援形態と、小舎交替制・中舎制などそれ以外の支援形態の比較を通して、家庭的支援のあり方について検討してみたい。

1．支援形態の違いによる子どもの生活のしやすさ・しづらさについて

　支援形態の違いによる子どもの生活のしやすさ・しづらさについて、本書の「序」に記してある【調査4】のアンケート調査の、支援形態別の比較による分析結果〔分析使用数862（夫婦制（夫婦のみ）369、夫婦制以外493）〕を踏まえて考察してみたい。

　なお、基本属性である年齢、入所期間、学校種別などにおいて、支援形態間（夫婦制と夫婦制以外）に有意な差は見られなかった。

（1）子どもの生活のしやすさ

　子どもの生活のしやすさについて、表1「支援形態別の生活のしやすさ（夫婦制上位12項目）」をみるとわかるように、夫婦制において最も多かった項目は、「好きなことをする時間がある」の83.8％、次いで「寮のみんなで楽しむことがある」の82.5％、続いて「寮の先生たちが話を聞いてく

表1　支援形態別の生活のしやすさ（夫婦制上位12項目）（単位：%）

	1. 生活の しやすさ		2. 生活の しづらさ		3. どちらともい えない		p
	夫婦制	夫婦制以外	夫婦制	夫婦制以外	夫婦制	夫婦制以外	
11-08a: 好きなことをする時間がある	83.8	81.4	5.6	7.0	10.6	11.6	
11-14a: 寮のみんなで楽しむことがある	82.5	80.6	4.7	4.4	12.8	15.0	
11-23a: 寮の先生たちが話を聞いてくれる	77.3	74.8	4.0	7.1	18.8	18.1	
11-19a: 寮の先生は自分が間違ったときに注意してくれる	76.8	72.8	4.5	10.1	18.8	17.1	＊
11-18a: 寮の先生は自分が頑張ったときに褒めてくれる	76.1	73.3	3.4	6.5	20.6	20.2	
11-12a: 寮の先生がトラブルを解決してくれる	73.4	63.6	7.4	10.6	19.3	25.8	＊
11-16a: 自分用のスペースがある	69.9	73.8	8.0	8.3	22.1	17.9	
11-04a: 寮長・寮母が夫婦である	69.3	14.1	5.0	17.6	25.7	68.3	＊＊＊
11-17a: 寮や施設の環境が良い	66.9	58.0	13.2	16.8	19.9	25.2	＊
11-20a: 寮の先生が自分を理解してくれる	65.4	60.3	8.1	13.0	26.5	26.7	
11-02a: 寮の日課がある	63.2	54.3	16.3	24.4	20.5	21.3	＊
11-21a: 寮生同士の仲が良い	60.3	55.8	14.2	12.8	25.5	31.4	

＊：p<.05，＊＊＊：p<.001

れる」の77.3％であった。いずれも夫婦制以外の形態に比して、数ポイント高かった。子どもたちは、みんなと楽しみ時間や職員による傾聴といった人とのふれあいやコミュニケーションなど関係性を深めたり構築していくような生活の中にそのしやすさを感じていることが示されている。

　また、夫婦制とそれ以外の形態で比較して、生活のしやすさにおいて有意な差が生じたのは、「寮の先生は自分が間違ったときに注意してくれる」「寮の先生がトラブルを解決してくれる」「寮や施設の環境が良い」「寮の日課がある」という項目であった（「寮長・寮母は夫婦である」という項目については除外している）。

　この結果から、夫婦制の方が、ただ単に自由な楽しい生活を保障するというだけではなく、子どもたちにとって、安心感・安全感を得られるよう

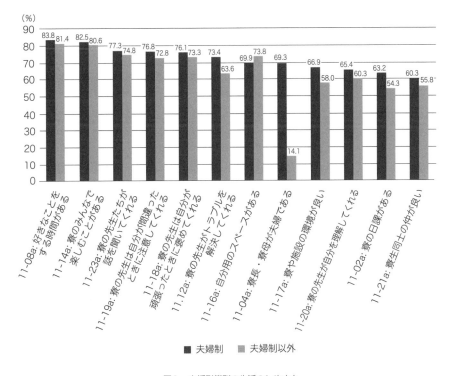

図1　支援形態別の生活のしやすさ

な規則正しい生活日課もあり、何かトラブルがあっても解決してくれる生活を保障してくれるような、いわゆる一定の枠のあるという構造化された安定した生活環境も生活のしやすさにつながっているということが示されている。

　図1のグラフを見るとわかるように、夫婦制の方が、生活のしやすさにおいて12項目中「自分用のスペースがある」という1項目を除いて高い割合を示しており、小舎交替制、中舎制などの形態よりも、生活しやすいということが示されていると言えよう。

表2　支援形態別の生活のしづらさ（夫婦制上位11項目）（単位：%）

	1．生活の しやすさ		2．生活の しづらさ		3．どちらともい えない		p
	夫婦制	夫婦制以外	夫婦制	夫婦制以外	夫婦制	夫婦制以外	
11-22a: 自分と気が合わない寮生がいる	15.4	16.1	58.7	58.3	25.9	25.7	
11-13a: 寮で争いごとがある	15.9	15.7	50.4	56.5	33.7	27.8	
11-10a: 寮の先生の態度が日によって変わる	20.1	15.4	47.9	53.0	32.0	31.7	
11-09a: 寮の先生たちの話が食い違うことがある	18.5	14.5	43.1	57.2	38.4	28.3	***
11-11a: 寮の先生が見て見ぬふりをすることがある	23.0	20.3	36.1	40.7	40.9	39.0	
11-15a: 寮に自分の居場所がない	37.0	34.2	32.7	32.1	30.3	33.7	
11-06a: 他の寮に移動する	40.5	19.9	27.8	22.4	31.7	57.4	***
11-03a: 寮の先生が日によって交代する	37.1	57.2	25.2	13.8	37.7	29.0	***
11-07a: 寮の作業がある	46.4	48.9	20.9	26.1	32.7	25.0	*
11-01a: 寮のきまりがある	52.2	44.6	16.6	24.4	31.2	31.0	
11-02a: 寮の日課がある	63.2	54.3	16.3	24.4	20.5	21.3	*

＊：p<.05.，＊＊＊：p<.001

（2）子どもの生活のしづらさ

　次に、子どもの生活のしづらさについてであるが、表2「支援形態別の生活のしづらさ（夫婦制上位11項目）」をみるとわかるように、夫婦制において、最も多かった項目は、「自分と気の合わない寮生がいる」の58.7%、次いで「寮で争いごとがある」の50.4%、続いて「寮の先生の態度が日によって変わる」の47.9%であった。他の形態においては、「自分と気の合わない寮生がいる」の58.3%、「寮の先生たちの話が食い違うことがある」の57.2%、「寮で争いごとがある」の56.5%の順であった。

　子どもたちは、支援形態を問わず、思春期の発達成長において重要な役割を担う存在である「仲間との人間関係」や、トラブルなどによる寮生活の不安定な状況について、寮生活のしづらさの重要なファクターとして挙げている。また、寮担当職員及び職員間の一貫性のない態度や言動についても同様なファクターとして挙げている。

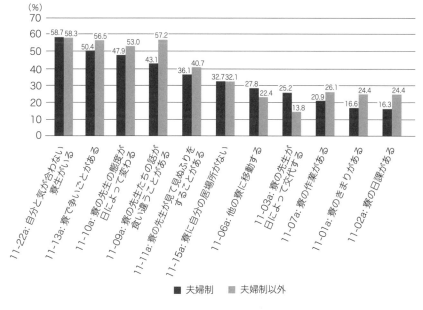

(%)

図2　支援形態別の生活のしづらさ

凡例：■ 夫婦制　■ 夫婦制以外

　この結果から、子どもたちの生活にとって仲間との良好な人間関係づくりやトラブルへの解決や安定した生活の維持確保、並びに職員及び職員間による一貫性のある言動を行うことの必要性が示されているといえよう。

　また、夫婦制とそれ以外の形態で比較して、生活のしづらさにおいて有意な差が顕著に生じたのは、「寮の先生たちの話が食い違うことがある」「他の寮に移動する」「寮の先生が日によって交代する」であった。

　この結果は、形態間の違いから生じることとして捉えることができよう。交替制であれば職員数が多いので食い違うことが生じやすくなる。また夫婦制であれば常時夫婦という職員のもとで生活している子どもが、寮移動をしたり、他の職員が日替わりでくる生活はしづらくなるのである。交替制では寮移動するということはあまりない。(p.112 参照)

さらに、生活のしづらさについて、図2のグラフをみるとわかるように、夫婦制の方が「他の寮に移動する」「寮の先生が日によって交代する」という項目において割合が高く、それ以外の形態では、「寮で争いごとがある」「寮の先生の態度が日によって変わる」「寮の先生たちの話が食い違うことがある」「寮の先生が見て見ぬふりをすることがある」「寮の作業がある」「寮のきまりがある」「寮の日課がある」という項目において割合が1ポイント以上高かった。

　この結果から、夫婦制の方は全体的に見て生活のしづらい状態が少ないと評価を得ていることが示されていると言えよう。

2. 支援形態の違いによる子どもへの 生活支援状況について

　寮生活における支援内容の実施の有無について、表3「支援形態別の生活・支援状況に関する有無について」をみるとわかるように、形態を問わず、90％以上実施している内容は、「寮の作業がある」「寮のきまりがある」「寮の日課がある」「寮の先生は自分が間違ったときに注意してくれる」「好きなことをする時間がある」「寮のみんなで楽しむことがある」「寮の先生たちは話を聞いてくれる」「寮の先生は自分ががんばったときにほめてくれる」の8項目であった。80％以上の実施している項目は「寮や施設の環境が良い」「自分用のスペースがある」「寮生同士の仲がよい」の3項目を加えた11項目であった。

　この結果が示していることは、これらの内容は子どもの自立支援をする上で重要なファクターであるのではないかということである。

　支援形態別を比較して有意差のある項目をまとめたのが表4である。この表をみるとわかるように、共通してみられる相違点は、寮担当職員の支援態度など支援の専門性である。具体的には「寮の先生たちの話が食い違うことがある」「寮の先生の態度が日によって変わる」「寮の先生が見て見

表3　支援形態別の生活・支援状況に関する有無について

	1．ある（%）		2．ない（%）		差 (形態間)	p
	夫婦制	夫婦制以外	夫婦制	夫婦制以外		
11-07a: 寮の作業がある	99.7	98.1	0.3	1.9	1.6	*
11-01a: 寮のきまりがある	99.5	99.8	0.5	0.2	-0.3	
11-02a: 寮の日課がある	99.5	99.4	0.5	0.6	0.1	
11-19a: 寮の先生は自分が間違ったときに注意してくれる	99.2	97.9	0.8	2.1	1.3	
11-04a: 寮長・寮母が夫婦である	98.9	3.0	1.1	97.0	95.9	***
11-08a: 好きなことをする時間がある	94.2	95.2	5.8	4.8	-1.0	
11-14a: 寮のみんなで楽しむことがある	94.0	92.8	6.0	7.2	1.2	
11-23a: 寮の先生たちが話を聞いてくれる	93.1	93.1	6.9	6.9	0.0	
11-12a: 寮の先生がトラブルを解決してくれる	92.7	88.0	7.3	12.0	4.7	*
11-18a: 寮の先生は自分が頑張ったときに褒めてくれる	92.5	92.3	7.5	7.7	0.2	
11-05a: 寮長・寮母の子どもがいる	86.8	5.5	13.2	94.5	81.3	***
11-20a: 寮の先生が自分を理解してくれる	86.2	78.7	13.8	21.3	7.5	**
11-17a: 寮や施設の環境が良い	84.0	80.1	16.0	19.9	3.9	
11-16a: 自分用のスペースがある	83.4	88.7	16.6	11.3	-5.3	*
11-21a: 寮生同士の仲が良い	81.3	84.4	18.7	15.6	-3.1	
11-22a: 自分と気が合わない寮生がいる	77.1	79.2	22.9	20.8	-2.1	
11-13a: 寮で争いごとがある	75.6	73.1	24.4	26.9	2.5	
11-06a: 他の寮に移動する	71.8	19.9	28.2	80.1	51.9	***
11-09a: 寮の先生たちの話が食い違うことがある	62.0	77.9	38.0	22.1	-15.9	***
11-03a: 寮の先生が日によって交代する	49.5	95.0	54.1	5.0	-45.5	***
11-15a: 寮に自分の居場所がない	47.3	48.1	52.7	51.9	-0.8	
11-10a: 寮の先生の態度が日によって変わる	40.3	55.5	59.7	44.5	-15.2	***
11-11a: 寮の先生が見て見ぬふりをすることがある	24.1	36.6	75.9	63.4	-12.5	***

＊：p＜.05，＊＊：p＜.01，＊＊＊：p＜.001

ぬふりをすることがある」「寮の先生が自分を理解してくれる」「寮の先生がトラブルを解決してくれる」という内容であり、夫婦制の方が肯定的な評価のポイントが高い。

　この結果は、寮生活における支援の専門性に対する評価は夫婦制の方が高いということを示していると言えよう。

表4 支援形態別の生活・支援状況に関する有無 (有意差) について

表4　支援形態別の生活・支援状況に関する有無 (有意差) について

	1．ある（％）		2．ない（％）		差 (形態間)	p
	夫婦制	夫婦制 以外	夫婦制	夫婦制 以外		
11-04a: 寮長・寮母が夫婦である	98.9	3.0	1.1	97.0	95.9	***
11-05a: 寮長・寮母の子どもがいる	86.8	5.5	13.2	94.5	81.3	***
11-06a: 他の寮に移動する	71.8	19.9	28.2	80.1	51.9	***
11-20a: 寮の先生が自分を理解してくれる	86.2	78.7	13.8	21.3	7.5	**
11-12a: 寮の先生がトラブルを解決してくれる	92.7	88.0	7.3	12.0	4.7	*
11-07a: 寮の作業がある	99.7	98.1	0.3	1.9	1.6	*
11-16a: 自分用のスペースがある	83.4	88.7	16.6	11.3	-5.3	*
11-11a: 寮の先生が見て見ぬふりをすることがある	24.1	36.6	75.9	63.4	-12.5	***
11-10a: 寮の先生の態度が日によって変わる	40.3	55.5	59.7	44.5	-15.2	***
11-09a: 寮の先生たちの話が食い違うことがある	62.0	77.9	38.0	22.1	-15.9	***
11-03a: 寮の先生が日によって交代する	49.5	95.0	54.1	5.0	-45.5	***

＊：p＜.05，＊＊：p＜.01，＊＊＊：p＜.001

3．支援形態別の家庭的な生活支援状況について

（1）家庭的な生活支援の実施状況について

　家庭的な生活支援の実施状況についてまとめたのが表5「支援形態別の家庭的支援内容の実施について」である。この表をみるとわかるように、支援形態間で有意差があった項目の内、夫婦制の方が割合の高かった項目は、「一人ひとりのための誕生会を開く」「花を飾る」「洗濯物をたたんでくれる」「父親らしさと母親らしさがはっきりしている」「一緒に食事を作ることがある」「手作りのおやつを作ってくれる」「一斉に起床する」「『自分の寮・自分の施設』と感じている」の8項目であった。反対に、それ以外の支援形態の方が割合の高かった項目は、「日課表にそって生活する」「一緒に遊んでくれる」「お風呂に一緒に入ってくれる」「自分のアルバムを作ってくれる」の4項目であった。

　全体的に見ても、この比較結果からも、夫婦制の方が衣食住に関する支

表5 支援形態別の家庭的支援内容の実施について（単位：％）

	1．やっている		2．やっていない		3．わからない		p
	夫婦制	夫婦制以外	夫婦制	夫婦制以外	夫婦制	夫婦制以外	
15-21a: 掃除当番がある	97.8	95.4	1.4	1.3	0.8	0.4	
15-02a: 一斉に起床する	91.7	85.5	5.2	8.7	3.0	5.8	＊
15-01a: 一人ひとりの誕生会を開く	90.4	65.2	4.4	25.2	5.2	9.6	＊＊＊
15-25a: 個別に自分の話を聞いてくれる	82.5	83.2	6.2	6.5	11.3	10.3	
15-16a: 季節行事をしてくれる	81.3	84.2	4.7	3.3	14.0	12.5	
15-07a: 日課表にそって生活する	81.0	91.3	7.7	4.1	11.3	4.6	＊＊＊
15-13a: 大人がボタン付けなどの縫い物をしてくれる	76.3	73.9	10.5	13.8	13.2	12.3	
15-24a: 一緒に買い物に出かける	76.3	70.2	14.0	18.5	9.8	11.3	
15-26a: 手作りのおやつを作ってくれる	71.3	43.4	12.9	34.0	15.7	22.5	＊＊＊
15-20a: 一緒の食事を作ることがある	71.1	54.8	13.8	25.1	15.2	20.1	＊＊＊
15-03a: みんなで集まっておしゃべりする	69.9	71.1	9.9	13.6	20.2	15.3	
15-12a: 病気の時に看病してくれる	66.9	62.7	5.0	7.7	28.2	29.6	
15-14a: 一緒に遊んでくれる	64.0	77.9	12.7	8.3	23.3	44.4	＊＊＊
15-18a: 寮ごとの行事がある	59.8	66.5	14.1	13.7	26.0	19.8	
15-22a: 優しい言葉かけやスキンシップがある	56.9	53.1	15.2	15.4	27.9	31.6	
15-29a: 自分一人で生活できるように教えてくれる	56.5	58.3	13.2	12.2	30.3	29.6	
15-27a: 男性らしさと女性らしさがはっきりしている	50.0	47.5	7.9	10.8	42.1	41.7	
15-28a: 自分の寮・自分の施設と感じている	46.9	38.0	20.7	25.6	32.4	36.3	＊
15-04a: 個別に勉強をみてくれる	46.7	55.5	30.9	23.1	22.4	21.4	＊
15-06a: 花を飾る	45.2	31.9	39.1	46.6	15.7	21.5	＊＊＊
15-09a: 洗濯物をたたんでくれる	38.8	25.3	48.8	64.2	12.5	10.6	＊＊＊
15-08a: 自分専用の食器がある	36.4	37.2	52.1	52.2	11.5	10.6	
15-10a: 父親らしさと母親らしさがはっきりしている	35.6	17.2	18.9	33.5	45.6	49.3	＊＊＊
15-19a: 整理整頓の時間が決められている	35.4	42.7	37.8	34.6	26.8	22.7	
15-11a: 寮でチャイムが鳴る	29.4	33.3	54.4	52.7	16.2	14.0	
15-05a: 自分の好きな服を選ぶ	27.8	25.8	56.4	59.6	15.8	14.6	
15-23a: 自分たちで食事のメニューを決めることができる	26.3	34.2	53.3	50.5	20.4	15.3	＊
15-17a: お風呂に一緒に入ってくれる	24.2	41.7	58.6	46.8	17.2	11.5	＊＊＊
15-15a: 自分のアルバムを作ってくれる	7.2	19.0	51.4	46.7	41.4	34.4	＊＊＊

＊：p<.05，＊＊＊：p<.001

援内容のポイントが高い傾向にあることが示されている。

（2）家庭的な生活支援に対する「うれしい」「うれしくない」感情について

入所している子どもたちが、どのような支援に対して「うれしい」あるいは「うれしくない」感情を抱いているのであろうか。

まず、「うれしい」感情についてから見てみよう。表6「支援形態別の家庭的支援内容へのうれしさについて」をみるとわかるように、夫婦制において29項目の内「うれしい」のポイントを上回った「うれしくない」項目は「一斉に起床する」「お風呂に一緒に入ってくれる」「寮でチャイムが鳴る」の3項目のみであり、26項目については「うれしい」のポイントが「うれしくない」のポイントを上回っている。

また、夫婦制の方がそれ以外の形態よりも「うれしい」のポイントで上回った項目は29項目中18項目であり、全体の62.1％を占めている。その内の「一人ひとりの誕生会を開く」「手作りのおやつを作ってくれる」「一緒の食事を作ることがある」「一緒に買物に出かける」「大人がボタンつけなどの縫い物をしてくれる」「病気の時に看病してくれる」「洗濯物をたたんでくれる」「父親らしさと母親らしさがはっきりしている」「花を飾る」「自分の寮・自分の施設と感じている」の10項目が有意差のある顕著な差をもって上回っている。

この結果から、職員が子どもたちに対して実施している支援に対して、夫婦制の方が子どもはうれしさを感じている場合が多いということが示されている。有意差がある項目を見てみると、夫婦制の方が他の形態に比して、一般的な家庭で普通に行われている「……してくれる」といった具体的な家庭的な支援に対して「うれしさ」を感じていることが示された。子どもたちに対する家庭的な支援のあり方としては、その子どもの状態やニーズに適合した一般的な家庭で行われているあたりまえの支援を提供することを心がけることであると言えよう。

表6 支援形態別の家庭的支援内容へのうれしさについて（単位：%）

	1．うれしい		2．うれしくない		3．わからない		p
	夫婦制	夫婦制以外	夫婦制	夫婦制以外	夫婦制	夫婦制以外	
15-01a: 一人ひとりの誕生会を開く	84.1	65.0	2.8	10.1	13.1	24.9	***
15-16a: 季節行事をしてくれる	77.0	77.1	5.1	5.9	18.0	17.0	
15-24a: 一緒に買い物に出かける	75.5	64.8	9.0	14.7	15.5	20.4	**
15-26a: 手作りのおやつを作ってくれる	74.9	49.9	4.6	19.5	20.5	30.6	***
15-13a: 大人がボタン付けなどの縫い物をしてくれる	71.6	66.4	4.7	10.5	23.7	23.1	**
15-12a: 病気の時に看病してくれる	67.3	59.6	4.7	10.1	27.9	30.3	
15-25a: 個別に自分の話を聞いてくれる	66.7	66.4	7.4	12.1	25.9	21.6	
15-14a: 一緒に遊んでくれる	63.9	73.1	8.1	7.3	28.0	19.6	*
15-20a: 一緒の食事を作ることがある	61.0	47.4	10.6	18.2	28.4	34.4	***
15-18a: 寮ごとの行事がある	59.5	61.0	8.9	11.0	31.6	28.0	
15-03a: みんなで集まっておしゃべりする	58.2	58.7	8.9	10.8	32.9	30.5	
15-22a: 優しい言葉かけやスキンシップがある	54.3	49.5	10.3	15.1	35.4	35.5	
15-04a: 個別に勉強をみてくれる	50.4	55.1	12.1	13.6	37.5	31.2	
15-29a: 自分一人で生活できるように教えてくれる	50.4	48.3	10.8	14.8	38.7	36.9	
15-09a: 洗濯物をたたんでくれる	48.9	38.9	16.9	24.5	34.2	36.6	**
15-05a: 自分の好きな服を選ぶ	40.7	40.6	20.6	32.1	38.7	27.3	***
15-23a: 自分たちで食事のメニューを決めることができる	40.5	42.5	20.8	23.7	38.7	33.8	
15-08a: 自分専用の食器がある	36.2	35.1	20.2	24.6	43.5	40.3	
15-10a: 父親らしさと母親らしさがはっきりしている	33.6	21.0	14.7	20.1	51.7	58.9	***
15-21a: 掃除当番がある	33.5	31.4	25.4	40.1	41.1	28.5	***
15-06a: 花を飾る	32.9	22.4	15.2	24.7	52.0	52.9	***
15-27a: 男性らしさと女性らしさがはっきりしている	32.9	31.5	11.0	11.9	56.1	56.7	
15-28a: 自分の寮・自分の施設と感じている	32.1	26.4	19.7	26.6	48.2	47.0	*
15-15a: 自分のアルバムを作ってくれる	30.8	31.6	16.1	22.7	53.1	45.8	*
15-07a: 日課表にそって生活する	28.7	28.7	26.5	37.2	44.8	34.1	**
15-19a: 整理整頓の時間が決められている	27.2	30.5	21.1	26.9	51.7	42.5	*
15-02a: 一斉に起床する	24.4	21.8	27.4	35.1	48.2	43.2	
15-17a: お風呂に一緒に入ってくれる	20.3	24.6	36.7	39.3	42.9	36.1	
15-11a: 寮でチャイムが鳴る	13.6	19.0	33.5	32.0	52.8	49.0	

＊：p<.05，＊＊：p<.01，＊＊＊：p<.001

表7　支援形態別における「うれしい」支援※（単位：%）

「うれしい」と思う支援（全体の降順）	全体	夫婦制	夫婦制以外
㉖手作りのおやつを作ってくれる	88.8	91.0	85.0
⑭一緒に遊んでくれる	88.6	88.8	88.5
⑯季節行事（ひなまつり、クリスマスなど）をしてくれる	88.5	89.7	87.3
①一人ひとりのための誕生会を開く	86.6	88.9	83.3
㉔一緒に買物に出かける	86.6	88.9	83.8
㉓自分たちで食事のメニューを決めることがある	85.5	88.2	83.2
⑮自分のアルバムを作ってくれる	85.2	90.8	81.1
⑫病気の時に看病してくれる	84.5	86.5	82.3
⑬大人がボタンつけなどの縫い物をしてくれる	84.5	86.1	82.7
⑱寮ごとの行事がある	84.5	86.9	82.0
⑤自分の好きな服を選ぶ	83.2	82.3	84.4
㉒優しい言葉かけやスキンシップがある	82.9	81.9	84.1
④個別に勉強を見てくれる	82.4	85.1	80.0
㉙自分一人で生活できるように教えてくれる	80.7	85.2	76.0
⑩父親らしさと母親らしさがはっきりしている	79.6	79.9	78.8
㉕個別に自分の話を聞いてくれる	78.0	77.9	78.2
⑨洗濯物をたたんでくれる	77.7	79.5	74.4
⑳一緒に食事を作ることがある	73.1	74.4	71.4
③みんなで集まっておしゃべりする	73.0	72.6	73.5
⑧自分専用の食器がある	70.7	72.9	68.0
㉘「自分の寮・自分の施設」と感じている	63.1	62.2	64.2
㉗男性らしさと女性らしさがはっきりしている	59.9	59.6	60.2
⑲整理整頓の時間が決められている	55.4	58.8	51.7
⑥花を飾る	49.9	53.6	43.8
⑰お風呂に一緒に入ってくれる	45.7	45.7	45.7
⑪寮でチャイムが鳴る	35.3	31.0	39.6
㉑掃除当番がある	34.5	36.1	32.7
⑦日課表にそって生活する	32.2	34.0	30.6
②一斉に起床する	25.1	26.4	23.6

※各支援について「やっている」と回答した者（児童）を対象

　さらに、具体的な生活支援において「やっている」と回答した児童のなかで、うれしいと回答した者の比率を支援形態別にまとめたのが、表7「支援形態別における『うれしい』支援」である。この表をみるとわかるように、夫婦制の方がそれ以外の形態よりも「うれしい」のポイントで上回っ

た項目は29項目中22項目であり、全体の75.9%を占めている。特に、約10ポイントの差を生じた支援は「花を飾る」「自分のアルバムを作ってくれる」「自分一人で生活できるように教えてくれる」であった。

これらの項目は一般的な家庭生活であればあたりまえに行われている内容である。子どもたちは、家庭内であたりまえに自然に行われている内容をうれしいと感じていることが示されていると言えよう。

（3）子どもの寮生活の満足度

子どもの寮生活についての満足度については、図3「支援形態別における子どもの寮生活満足度」をみるとわかるように、夫婦制で最も高かったのは「満足している」の34.2%であり、それ以外の形態では「少し満足している」の34.2%であった。両者の間には有意差が見られた。

この結果は、夫婦制の支援形態で生活している子どもの方が満足感を感じている子どもが多いということを示唆している。

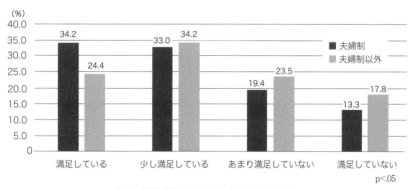

図3　支援形態別における子どもの寮生活満足度

表8　寮生活の満足度と施設内学校への満足度との相関

	値	ケース数
寮生活の満足度と施設内学校への満足度	0.498	675

また、寮生活の満足度と施設内学校への満足度との相関をみたのが表 8 である。両者の間には相関があるという結果が出ており、この結果は相互に影響を与えることを意味している。したがって、寮生活あるいは施設内学校の満足度を高めることは他方の満足度を高めること結び付くことを示している。

4．支援形態別からみた自立支援について

　子どもの自立支援について、2002 年度（平成 14 年度）に国立武蔵野学院・国立きぬ川学院が退所児童に関するアンケート調査を視点にして実施した児童自立支援施設入所児童の自立支援に関する研究結果[1]を踏まえて触れてみる。

（1）子どもの家裁係属からみた支援形態について

　支援形態と自立支援についてであるが、表 9 をみるとわかるように、小舎制（小舎夫婦制＋小舎交替制）と中舎制との比較をしてみたところ、有意な差をもって小舎制の方が「家裁係属なし」の割合が高いという結果が得られた。

　この結果の示唆していることは、児童の自立支援において、有効なケア形態は、中舎制よりも小舎制であるということである。

　さらに、表 10 をみるとわかるように、退所後の家裁係属になった時期

表 9　退所後の家裁係属の有無と支援形態

		支援形態			
		小舎制		中舎制	
		度数	％	度数	％
家裁係属の有無	あり	227	23.4	45	30.8
	なし	643	66.4	83	56.8
	不明	99	10.2	18	12.3
合計		969	100.0	146	100.0

p<.05

表 10　家裁係属になった退所後の時期と支援形態

		支援形態					
		小舎夫婦制		小舎交替制		中舎制	
		度数	%	度数	%	度数	%
家裁係属に なった 退所後の時期	退所後 3 ヶ月未満	9	6.2	13	16.9	9	23.1
	3 ヶ月以上～ 6 ヶ月未満	40	27.4	17	22.1	10	25.6
	6 ヶ月以上～ 1 年未満	46	31.5	21	27.3	9	23.1
	1 年以上	51	34.9	26	33.8	11	28.2
合計		146	100.0	77	100.0	39	100.0

においても、退所後 6 ヶ月以内で家裁係属になる割合が最も低いのは、夫婦制であり、次いで交替制、中舎制の順になっている。

（2）支援形態と子どもの生活上の問題等との関係について

　支援形態と子どもの生活上の問題等との関係については、子どもの施設生活上の問題等の 39 項目を 9 つのカテゴリーに分類[2] し、そのカテゴリーごとの児童の生活上の問題等における改善・悪化傾向（退所時－入所当初）と支援形態とをクロス集計して検討を行った。

　支援形態と子どもの生活上の問題等の悪化・改善傾向との関係であるが、表 11 をみるとわかるように、すべてのカテゴリーにおいて、夫婦制が子どもの施設生活上の問題等における悪化傾向の割合が低い。また、各カテゴリーにおいて悪化傾向の割合の低い順に並べると、夫婦制、小舎交替制、中舎制という順になるのが、9 つのカテゴリーのうち 8 つのカテゴリーであった。

　次に子どもの施設生活上の問題等における改善傾向であるが、改善傾向の割合が高いのは、やはり小舎夫婦制で、9 つのカテゴリーのうち 8 つのカテゴリーにおいて他のケア形態に比して高かった。

　すべてのカテゴリーについて、支援形態間における統計上の有意な差がみられた。

表 11　子どもの生活上の問題等の改善傾向（退所時－入所当初）と支援形態

		支援形態						p
		小舎夫婦制		小舎交替制		中舎制		
		度数	%	度数	%	度数	%	
暴力・攻撃性に関するもの	悪化傾向	56	12.0	66	20.1	41	28.7	**
	変化なし	70	15.0	44	13.4	20	14.0	
	改善傾向	341	73.0	219	66.6	82	57.3	
	合計	467	100.0	329	100.0	143	100.0	
生活規範に関するもの	悪化傾向	42	8.7	49	14.4	33	22.9	***
	変化なし	95	19.6	77	22.6	33	22.9	
	改善傾向	348	71.8	214	56.0	78	54.2	
	合計	485	100.0	340	100.0	144	100.0	
学校生活に関するもの	悪化傾向	7	1.3	24	7.1	14	9.5	***
	変化なし	251	48.2	151	44.5	59	39.9	
	改善傾向	263	50.5	164	48.4	75	50.7	
	合計	521	100.0	339	100.0	148	100.0	
意欲に関するもの	悪化傾向	21	4.0	42	12.1	24	15.9	***
	変化なし	131	25.1	80	23.0	34	22.5	
	改善傾向	370	70.9	226	64.9	93	61.6	
	合計	522	100.0	348	100.0	151	100.0	
心身症状に関するもの	悪化傾向	19	7.2	19	11.5	11	11.7	***
	変化なし	61	23.2	67	40.6	23	24.5	
	改善傾向	183	69.6	79	47.9	60	63.8	
	合計	263	100.0	165	100.0	94	100.0	
社会性（対人関係）に関するもの	悪化傾向	19	3.5	34	9.5	17	11.0	***
	変化なし	107	19.6	70	19.6	27	17.5	
	改善傾向	421	77.0	254	70.9	110	71.4	
	合計	547	100.0	358	100.0	154	100.0	
情緒の問題に関するもの	悪化傾向	16	3.3	30	9.7	18	12.9	***
	変化なし	137	28.3	98	31.8	31	22.1	
	改善傾向	331	68.4	180	58.4	91	65.0	
	合計	484	100.0	308	100.0	140	100.0	
自己に関するもの	悪化傾向	21	4.0	21	6.2	14	9.8	***
	変化なし	190	36.3	155	45.6	54	37.8	
	改善傾向	313	59.7	164	48.2	75	52.4	
	合計	524	100.0	340	100.0	143	100.0	
その他、行動上の問題に関するもの	悪化傾向	9	2.5	24	9.2	6	4.9	*
	変化なし	149	40.6	118	45.2	52	42.6	
	改善傾向	209	56.9	119	45.6	64	52.5	
	合計	367	100.0	261	100.0	122	100.0	

＊：p<.05，＊＊：p<.01，＊＊＊：p<.001

（3）子どもと職員との関係性からみた支援形態について

　支援形態と職員との関係性との関係であるが、表12をみるとわかるように、男性職員、女性職員、特定の男性職員、特定の女性職員において、入所当初は良好な関係ではなかった子どもと職員の関係が退所時に良好な関係になったことを示す関係性の改善傾向の最も高い割合を占めたのは、夫婦制であった。男性職員、女性職員、特定の男性職員、特定の女性職員について、関係性の改善傾向の割合は55％を上回っていた。支援形態間において有意な差がみられた。夫婦制は、子どもと職員との良好な関係を形成する上で、他の形態に比して、有効な支援形態であることを示唆している結果が得られた。

　すなわち、この結果は、児童が自立をしていく上で、人間に対する基本

表12　子どもと職員との関係性（退所時−入所当初）からみた支援形態

| | | 支援形態 | | | | | | p |
| | | 小舎夫婦制 | | 小舎交替制 | | 中舎制 | | |
		度数	％	度数	％	度数	％	
対男性職員	悪化傾向	6	1.2	10	3.4	2	1.5	***
	変化なし	199	41.3	162	55.5	65	50.0	
	改善傾向	277	57.5	120	41.1	63	48.5	
	合計	482	100.0	292	100.0	130	100.0	
対女性職員	悪化傾向	9	1.9	10	3.5	7	5.3	***
	変化なし	195	41.8	163	56.4	61	46.6	
	改善傾向	263	56.3	116	40.1	63	48.1	
	合計	467	100.0	289	100.0	131	100.0	
対特定の男性職員	悪化傾向	2	1.6	2	6.1	1	2.2	***
	変化なし	41	31.8	25	75.8	20	44.4	
	改善傾向	86	66.7	6	18.2	24	53.3	
	合計	129	100.0	33	100.0	45	100.0	
対特定の女性職員	悪化傾向	4	3.1	1	2.8	1	2.9	**
	変化なし	46	36.2	25	69.4	18	51.4	
	改善傾向	77	60.6	10	27.8	16	45.7	
	合計	127	100.0	36	100.0	35	100.0	

＊＊：p<.01，＊＊＊：p<.001

的な信頼感を形成することは最重要課題の一つであり、この発達課題を達成するためには、夫婦制という支援形態によって、児童の自立を支援することが望ましいということを示唆していると言えよう。

ただし、常時夫婦という職員のもとで生活しているといった夫婦制の特質を考えると、回答結果にその影響が多少でてくる危険性について留意することが必要である。

5．家庭的な支援のための支援形態のあり方について
——調査結果を踏まえて

最後にまとめとして、これまで触れてきた支援形態間の比較検討結果などを踏まえて、社会的養育ビジョンで提言されている「家庭における養育環境と同様の養育環境」と「できる限り良好な家庭的環境」の観点から、社会的養護における家庭的な支援のための支援形態のあり方について考えてみたい。

（1）「家庭における養育環境と同様の養育環境」要件からみた支援形態のあり方

社会的養育ビジョンでは家庭における養育環境と同様の養育環境とみなされる要件として次の 11 項目を提言している。

①子どもと継続的な関係を持ち、親密で信頼できる関係を形成して養育
　を行うことができる特定の養育者がいること
②子どもの安全が守られる「家」という物理的環境が提供されること
③特定の養育者と生活基盤を共有すること
④同居する他の子どもたちと生活を共有すること。同居する子どもたち
　の構成が可能な限り安定していること
⑤生活が、明確な構造を持ちつつ、一方で、子どもたちのニーズに応じ

て柔軟に営まれること

⑥子どものニーズに敏感で、ニーズに応じた適切なケアを提供できること

⑦社会的に受け入れられる価値を共有し、かつ子どもの自律や選択が尊重されること

⑧地域社会に位置付いており、子どもと養育者が地域社会に参加していること

⑨子どもの権利を守る場になっていること

⑩養育者が、子どものトラウマや関係性の問題に関する知識と対応方法を習得しており、必要に応じて専門家の助言を求めることができること

⑪子どもの状況に応じて適切な家庭教育を提供できること

　次に、「家庭における養育環境と同様の養育環境」の各要件をより満たしている養育形態は、「小舎夫婦制」なのか「それ以外の形態」なのか、前述した調査結果などに基づき検討してみたい。

①子どもと継続的な関係を持ち、親密で信頼できる関係を形成して養育を行うことができる特定の養育者がいること

　この要件をより満たす形態は、表3・4をみるとわかるように、「寮の先生が日によって交代する」の少ない夫婦制であると言えよう。また、表12で示したとおり、男性職員、女性職員、特定の男性職員、特定の女性職員において、入所当初は良好な関係ではなかった子どもと職員の関係が退所時に良好な関係になったことを示す関係性の改善傾向の最も高いポイントを占めた結果からも、夫婦制であると言えよう。

②子どもの安全が守られる「家」という物理的環境が提供されること

　この要件をより満たす形態はというと、表1で「子どもの生活のしやすさ」についての結果を示したとおり、夫婦制とそれ以外の形態で比較して、

生活のしやすさにおいて有意な差が生じたのは、「寮の先生は自分が間違ったときに注意してくれる」「寮の先生がトラブルを解決してくれる」「寮や施設の環境が良い」「寮の日課がある」という項目であったことからも、こうした環境を提供しているのは、夫婦制であると言えよう。

③特定の養育者と生活基盤を共有すること

　この要件をより満たす形態については、基本的には24時間365日職員である夫婦とその家族が同じ屋根の下で一緒に入所している子どもたちと生活している夫婦制の方であると言えよう。

④同居する他の子どもたちと生活を共有すること。同居する子どもたちの構成が可能な限り安定していること

　この要件であるが、この内容は夫婦制や交替制という職員体制よりも子どもの受け入れ頻度や規模に関する課題であり、この要件を施設養護において比較的満たす形態は小舎制であろう。

⑤生活が、明確な構造を持ちつつ、一方で、子どもたちのニーズに応じて柔軟に営まれること

　この要件については、表1で示したとおり、夫婦制の方がポイントの多かった項目は、「好きなことをする時間がある」「寮のみんなで楽しむことがある」「寮の先生たちが話を聞いてくれる」などの項目であった。また、ただ単に自由な楽しい生活を保障するというだけではなく、子どもたちにとって、安心感・安全感を得られるような規則正しい生活日課もあり、何かトラブルがあっても解決してくれる生活を保障してくれるような、いわゆる一定の枠のあるという構造化された安定した生活環境も生活のしやすさにつながっているということが示されている。

⑥子どものニーズに敏感で、ニーズに応じた適切なケアを提供できること

　この要件については、職員の資質や専門性などによるところが大きいが、同等の専門性を有している職員である仮定した場合、子どもの日常的な生活を他の形態に比して継続的に観察している夫婦制の方が、表11で示したとおり、断続的に観察をしている交替制などの形態よりも子どものニーズに敏感でそれに対応した適切なケアを提供していることが示されている。

⑦社会的に受け入れられる価値を共有し、かつ子どもの自律や選択が尊重されること

　この要件については、形態別で比較することができない内容であるため、判断できない。

⑧地域社会に位置付いており、子どもと養育者が地域社会に参加していること

　児童自立支援施設は施設の性格上地域社会への参加は制限されているため、この要件についても、⑦と同様に形態別で比較することができない内容であるため、判断できない。

⑨子どもの権利を守る場になっていること

　表1で示したとおり、夫婦制の方がそれ以外の形態で比較して、「寮の先生は自分が間違ったときに注意してくれる」「寮の先生がトラブルを解決してくれる」という項目において有意に高い。また、表4で示したとおり、「寮の先生たちの話が食い違うことがある」「寮の先生の態度が日によって変わる」「寮の先生が見て見ぬふりをすることがある」「寮の先生が自分を理解してくれる」「寮の先生がトラブルを解決してくれる」という寮担当職員の支援の専門性を判断する項目において、夫婦制の方が肯定的な評価のポイントが高い。これらの結果から、「子どもの権利を守る場になっていること」という要件について判断するとすれば、夫婦制の方が守る場

になっているということが示されている。

⑩養育者が、子どものトラウマや関係性の問題に関する知識と対応方法を
習得しており、必要に応じて専門家の助言を求めることができること

「子どものトラウマや関係性の問題に関する知識と対応方法を習得して
いる」という要件について直接的に判断するためのデータはないが、表
11、12で示したとおり、子どもの生活上の問題等や子どもと職員との関係
性の改善傾向においては、夫婦制の方が有意に高い項目が13項目中12項
目であった。この結果から判断するとすれば、「養育者が、子どものトラ
ウマや関係性の問題に関する知識と対応方法を習得している」という要件
についても、夫婦制の方が満たしているのではないかということが示され
ている。

⑪子どもの状況に応じて適切な家庭教育を提供できること

この要件についても、前要件と同様に表11、12をみるとわかるように、
夫婦制の方が提供できていることが示されている。

（2）「できる限り良好な家庭的環境」要件からみた支援形態のあり方

社会的養育ビジョンでは家庭における養育環境と同様の養育環境とみな
される要件として次の7項目を提言している。

①生活の単位は小規模であること。具体的には、子どもの人数は最大で
6人までとし、困難な問題を抱えた子どもがいる施設は、4名以下で
運営できるようにすべきである。また、子どものニーズに応じて養育
できる専門性を持った養育者が、夜間を含め子どもが在宅する時間帯
では複数名で対応できることが必要である

②子どもの最善の利益のために満たせない要件を除き、「家庭における
養育環境と同様の養育環境」の要件を満たすこと

③集団規則などによらない個々の子どものニーズに合った丁寧なケアの提供が行えること

④養育者は複数となってもそのケアの在り方は一貫しており、養育者の頻回な変更がおこなわれないこと

⑤子どもの権利が保障されていること

⑥そのケアによって家庭同様の養育環境での養育が可能になれば、家庭同様の養育環境に移行するものであり、この環境からの社会的自立は例外的であること

⑦ただし、年長児等でこの環境からの社会的自立がやむを得ない場合は適切な自立支援及びアフター・ケアが行えること

次に、「家庭における養育環境と同様の養育環境」と同様、「できる限り良好な家庭的環境」の各要件をより満たしている養育形態は、「小舎夫婦制」なのか「それ以外の形態」なのか、前述した調査結果などに基づき検討してみたい。

①生活の単位は小規模であること。具体的には、子どもの人数は最大で６人までとし、困難な問題を抱えた子どもがいる施設は、４名以下で運営できるようにすべきである。また、子どものニーズに応じて養育できる専門性を持った養育者が、夜間を含め子どもが在宅する時間帯では複数名で対応できることが必要である

①の要件のうち、「生活の単位の小規模化」の要件については、グループ規模の問題であり少なくとも小舎制であることを求められている。もう１つの「夜間を含め子どもが在宅する時間帯では複数名で対応できること」いう要件については、夫婦制の勤務は原則２名で24時間対応している。他方交替制などそれ以外の形態の勤務では、夜間については１名で対応している施設が少なからずある。したがって、夫婦制の方がこの要件についてはより満たしているのではないだろうか。

②子どもの最善の利益のために満たせない要件を除き、「家庭における
　養育環境と同様の養育環境」の要件を満たすこと

　この要件については、「家庭における養育環境と同様の養育環境」の要件のところで検討したとおり、11 の要件のうち比較可能な要件では、すべての要件において夫婦制の方がより満たしているという結果が示されていた。

③集団規則などによらない個々の子どものニーズに合った丁寧なケアの
　提供が行えること

　この要件については、比較するための調査結果がないために、判断できない。

④養育者は複数となってもそのケアの在り方は一貫しており、養育者の
　頻回な変更がおこなわれないこと

　この要件については、表 4 をみるとわかるように、「寮の先生たちの話が食い違うことがある」「寮の先生の態度が日によって変わる」についてのポイントが低いのは夫婦制であり、夫婦制の方がケアの在り方は一貫していることを示す結果が出ている。

⑤子どもの権利が保障されていること

　すでに、家庭における養育環境と同様の養育環境の要件である「⑨子どもの権利を守る場になっていること」については検討しており、この結果などを踏まえれば、夫婦制の方が「子どもの権利が保障されている」という要件を満たしていると言えよう。

　なお、⑥と⑦の要件についても、③と同様、比較するための調査結果がないために、判断できない。

（3）まとめ

　ここまで、「家庭における養育環境と同様の養育環境」要件及び「できる限り良好な家庭的環境」要件から、より家庭的な養育を実践できる支援形態について、アンケート調査結果などを材料にして、夫婦制とそれ以外の形態との比較検討を行った。

　その結果を見ればわかるように、夫婦制の方がより家庭的な養育ができるということが示された。

　小舎夫婦制における子どもに与える影響の良さについては、生活している子どもだけではなく、児童自立支援施設で勤務している職員も評価している。

　児童自立支援施設の職員を対象に小舎夫婦制による子どもに与える影響について質問した結果（「序」における【調査２】）をまとめたのが表13である。

　この表をみるとわかるように、夫婦制は子どもにとってどうか（良いか良くないか）との問いには、全体の56.6％が「まあ良い」と答えている。「大変良い」を合わせて、94.3％が「良い」と回答している。男性・女性ともに94％程度が肯定的にとらえている。

　この結果も、小舎夫婦制が子どもの養育にとって効果的な形態であることを示している。

　したがって、こうした結果を踏まえて考えれば、今後、児童福祉施設における家庭的支援のあり方としては、できる限り良好な家庭的環境の要件

表13　小舎夫婦制による子どもに与える影響について

	全体		性別	
	回答数	％	男性（％）	女性（％）
大変良い	416	37.7	39.6	34.2
まあ良い	624	56.6	54.6	60.3
あまり良くない	58	5.3	5.0	5.5
まったく良くない	5	0.5	0.7	0
合計	1,103	100.0	100.0	100.0

N.A.=110

（岩田美香（研究代表者）『社会的養護における「家庭的」支援の検討——児童自立支援施設からの考察－調査報告書』より）

を満たす形態で子どもを養育できるように小規模化を図っていくのではなく、家庭における養育環境と同様の養育環境の要件をより満たすことのできる里親などを活用した夫婦制による小規模化や地域分散化を図っていくことを求めていくべきであるということになる。

　具体的には、より家庭養護としての要件を満たし機能を有している夫婦制による地域小規模児童養護施設や里親夫婦を活用した法人型ファミリーホームなどを推進すべきである。

　特に、3歳未満は、子どもの成長・発達には極めて重要な時期であり、特定の養育者との愛着関係を築くことが大切である。その関係が形成できないとその後の子どもの人生にリスクを負わせることになる。少なくとも乳幼児をやむを得ず施設で養育する場合には、特定の養育者との愛着関係を構築しやすい小舎夫婦制の形態などによる養育をすべきである。

　また、最近では、厚生労働省が5年ごとに調査している児童養護施設入所児童等調査結果の経緯などをみるとわかるように、被虐待経験や発達障害など、ニーズの多様化・複雑化・複合化した子どもやその家族が代替養育の対象として増えてきており、子どもの専門的な心理的ケアや、構造的な問題を抱えている家族に対するファミリーソーシャルワークが求められている。そのニーズに適切に対応するためにも、比較的専門的な家庭養護が必要な子どもの受け皿として里親夫婦＋心理職か看護師＋ファミリーソーシャルワーカーの活用による4（養育者）対4（子ども）の高機能型ファミリーホームを創設し、家庭養護を推進することも必要になってくるのではないだろうか。

　さらに、児童福祉施設においても、創設する高機能型ファミリーホームの導入による小規模化・地域分散化及び高機能化による家庭的養護を推進すべきではないだろうか。その理由の一つは、これまでの調査結果に加え、複合的なニーズのある困難性の高い子どもを対象に支援している国立児童自立支援施設は50年以上小舎夫婦制を堅持しており、夫婦で支援する必要性について実践的にも実証しているからである。

こうした支援形態の導入により施設での養育も家庭養護に近づけること
が可能になるのである。

　なお、ここでは、紙幅の関係などで、夫婦という私的関係性の弊害を持
ち込まないよう自覚することなしに公的な場での支援をするといった「家
庭的だからこそのリスク」について触れていない。この点については今後
の課題とする。

【注】

1　詳しくは国立武蔵野学院・国立きぬ川学院編「児童自立支援施設入所児童の自立支
　援に関する研究──退所児童に関するアンケート調査を視点にして（第 1 次報告
　書）」平成 15 年 3 月を参照。全国の児童自立支援施設を平成 11・12 年度に自立支援
　を達成して退所した全児童に関して、退所児童を担当した職員に対するアンケート
　調査票の評価を、2002 年 11 月～ 12 月に実施した。回収率は、57 施設のうち 44 施
　設（77.2％）で、対象者数は 1,360 名であった。なお、データ分析は SPSS11.5J に
　よって行った。

2　ここでは、児童の行動や心理等と自立支援との関係について、児童の施設生活上の
　問題等の 39 項目を次のように 9 つのカテゴリーに分類し、そのカテゴリーごとの児
　童の生活上の問題等における改善・悪化傾向（退所時－入所当初）と支援形態とを
　クロス集計して検討を行った。

　①暴力・攻撃性に関するもの

　・職員に対する身体的な暴力の問題、・他児童に対する身体的な暴力の問題、・職員
　に対する反抗的な態度の問題、・他児童に対する威圧的、指示的態度の問題、・他者
　や自分の所有物を壊すという問題、・他児に対する攻撃性の問題

　②生活規範に関するもの

　・無断外出の問題、・規則違反の問題、・性的な行動化の問題、・自分の誕生会など行
　事の日などに問題を起こすという問題

　③学校生活に関するもの

　・授業妨害の問題、・学力不振傾向の問題

　④意欲に関するもの

　・学習意欲がなく取り組みがよくないという問題、・生活意欲がなく取り組みがよく
　ないという問題、・作業意欲がなく取り組みがよくないという問題

⑤心身症状に関するもの

・原因が明らかでない頭痛や腹痛の身体症状の問題、・だるい、眠い、疲れるなど全般的な身体的不調の問題、・心因性の下痢や嘔吐の問題、・入眠困難、中途覚醒といった睡眠の問題

⑥社会性（対人関係）に関するもの

・誰とも親密な人間関係をもつことができない問題、・一人でいることに対する不安の問題、・他人の顔色をうかがうという問題、・他者からの注意や指摘に対する過剰反応の問題、・理由が明らかでない嘘をつく問題、・家族や生育上のことでの作話や空想の問題、・大人に対して誰にでもベタベタするといった不適切な愛着行動の問題、・ひきこもり傾向の問題、・証拠を見せられても自分の否や責任を認めないという問題、・大人に対する不信感から良好な人間関係がもてないという問題

⑦情緒の問題に関するもの

・乏しい感情表現や表情の問題、・すぐに落ち着きがなくなる、イライラするといった感情の易変性の問題、・欲求不満状態でのパニック行動の問題、・理由が明らかでないおびえや不安の問題、・手洗い強迫や不潔強迫などの強迫的行動の問題、・原因不明の意識喪失状態になるという問題

⑧自己に関するもの

・自己中心的傾向の問題、・自分はダメな存在であるといった肯定的な自己概念をもてないという問題

⑨その他、行動上の問題に関するもの

・食べ物へ固執するといった欲求固執の問題、・同じ失敗を何度も繰り返すといった失敗経験から学習できない問題

【引用・参考文献】

相澤仁、奥山眞紀子編（2013）『生活の中の養育・支援の実際』明石書店

相澤仁、野田正人編（2014）『施設における子どもの非行臨床』明石書店

相澤仁、林浩康編（2019）『社会的養護Ⅰ』中央法規出版

相澤仁、村井美紀、大竹智編（2019）「社会的養護Ⅱ」中央法規出版

新たな社会的養育の在り方に関する検討会（2017）「新しい社会的養育ビジョン」

岩田美香編（2016）『社会的養護における「家庭的」支援の検討——児童自立支援施設からの考察　2015年度調査報告書』

岩田美香編（2018）『社会的養護における「家庭的」支援の検討——児童自立支援施設からの考察　2017年度調査報告書』

国立武蔵野学院・国立きぬ川学院（2003）『児童自立支援施設入所児童の自立支援に関する研究——退所児童に関するアンケート調査を視点にして（第1次報告書）』

田中康雄編（2012）『児童生活臨床と社会的養護』金剛出版

第5章
ジェンダーと家族からみた家庭的支援

栗田克実・岩田美香

1．はじめに

　本章では、「家庭的」支援についてジェンダーの視点から検討を行う。家族や子育ての在り方も多様になり、LGBTQ等のカップルによる婚姻や子育てもみられるなか、性別による違いを検討すること自体が差別的と考えられるかもしれない。しかし、「家庭」「家族」という用語自体に父親的・母親的役割といったジェンダー的な価値観を内包することから、支援者の性別や支援を受ける子どもの性別によって、どのようなバイアスがあるのか（ないのか）、また、それぞれの「家族」に対するジェンダー的な思いやバイアスを視野に入れて検討することは必要であると思われる。

　以下、最初に支援を提供する職員の性別によって「家庭的」と認識する内容に差があるのか、とりわけ支援対象である入所児童が男子か女子か（担当している寮が男子寮か女子寮か）による違いを含めて検討していく。次に、入所児童が望む支援について、性別や暮らしている寮が夫婦制か交替制かによる違いも含めて考察を行う。

　本章で用いる調査は、本書の「序」に記してある【調査2】と【調査4】によるアンケート調査と【調査3】のヒアリング調査である。

2．支援者におけるジェンダーバイアス

（1）職員全体の傾向

　調査２における職員の男女比は、無回答を除き男性職員61.4％、女性職員38.6％であり、回答者は男性職員の方が多い。また、それぞれが担当する寮については、男性職員が男子寮78.9％、女子寮21.1％であり、男子寮を担当している者が８割近い。女性職員については男子寮42.6％、女子寮57.4％であり、女子寮を担当している者がやや多くなっている。

　最初に、調査２において設定した30項目の支援について、全体の傾向を確認しておく。表１は、男性職員・女性職員全体が30項目の支援について、「家庭的だと強く思う」「とても重要と思う」「実施している」と回答した割合の高い順から低い順に並べてある。本章では特に職員のジェンダー等に関する、より強い思いや考えを引き出すべく「強く思う／全く思わない」と「とても重要／全く重要でない」の割合に注目しつつ検討していく。

　これらの30項目を支援内容の性格からグルーピングしてみる。

　【個を尊重する支援】は、「①子ども一人ずつのお誕生日会を行う」「④個別に勉強をみる」「⑤私服を認めている」「⑧自分用の食器がある」「⑭子ども個人のアルバムを作成する」「㉑子どもへの愛情表現を行う」「㉒子どもが食事のメニューを決めること」「㉔個々の子どもとの対話の時間をもつ」の８項目、【（衣食住を中心とした）ケア支援】は、「⑨職員が子どもの洗濯物をたたむ」「⑪子どもが病気時にできるだけ寮内で看病する」「⑫靴下などの繕い物やボタンをつけてあげる」「⑯子どもと一緒の入浴」「㉕手作りおやつを出す」「㉚子どもと一緒に寝る」の６項目、【みんなで一緒に行うこと】は、「③みんなで集まっておしゃべりする」「⑬子どもと一緒に遊ぶ」「⑮季節行事を行う」「⑰寮単位の行事」「⑲子どもと一緒に食事をつくる」「㉓子どもと一緒に買い物に出かける」の６項目、【施設的・規則的支援】は、「②一斉に起床させる」「⑦日課表を使用する」「⑩施設内

の一斉チャイム」「⑱整理整頓をさせること」「⑳掃除当番があること」「㉗『私の寮／施設』という帰属意識をもたせる」「㉘退所後の生活スキルを身につけさせる」「㉙退所児童と定期的にかかわりをもつ」の８項目、そして【環境整備】は「⑥寮舎内に花を飾る」、【ジェンダー】は「㉖父親役割・母親役割を明確にする」のそれぞれ１項目である。

　これらの分類は厳密なものではなく、支援によっては二つ以上のカテゴリーに関わると思われるものもある。例えば「⑪子どもが病気時にできるだけ寮内で看病する」という支援は【ケア支援】に分類したが、該当する病児を個別に支援する【個を尊重する支援】とも考えられる。しかし病気の時の看病は個別対応となることが自然であり、世話をすることに注目して【ケア支援】に分類した。

　表１の「家庭的と強く思う支援」と「とても重要な支援」について、ほぼ半数以上が回答している上位10項目（太線から上）の支援を見ていくと、順位に違いはあるものの、10項目中８項目については同様の支援が選択されていた。すなわち【個を尊重する支援】では「㉔子どもとの対話」「㉑愛情表現」「①個別の誕生会」が、【みんなで一緒に行うこと】では「⑬一緒の遊び」「⑲一緒の食事づくり」「⑮季節行事」が、そして【施設的・規則的支援】では「㉘退所後のスキルの獲得」と「⑱整理整頓」である。

　一方、【ケア支援】の「⑪看病」と「⑫繕い物」は、「家庭的と強く思う支援」として上位６・７位に入っていたが、重要度では12位と15位に位置している。反対に、【施設的・規則的支援】の「⑳掃除当番」と「②一斉起床」については、「とても重要な支援」として７位と10位に位置づいているが、家庭的支援としての認識は低く23位と28位である。

　実際に施設で実施している支援については、半数以上実施している項目は22項目と多いが、支援内容では【施設・規則的支援】の「⑳掃除当番」「⑱整理整頓」「②一斉起床」が、より上位に位置していること、そして「家庭的支援」と強く思われている【ケア支援】の「⑪病気時の看病」

表1　家庭的支援に対する認識・重要度・実施の降順（男性・女性全体）

「家庭的支援と強く思う」全体降順	%	「とても重要であると思う」全体降順	%	「実施している」全体降順	%
㉔個々の子どもとの対話の時間をもつ	68.7	㉔個々の子どもとの対話の時間をもつ	84.8	⑳掃除当番があること	96.4
㉑子どもへの愛情表現を行う	65.9	㉘退所後の生活スキルを身につけさせる	83.4	⑱整理整頓をさせること	95.1
⑬子どもと一緒に遊ぶ	62.8	⑱整理整頓をさせること	75.8	㉔個々の子どもとの対話の時間をもつ	94.3
⑲子どもと一緒に食事をつくる	56.2	⑬子どもと一緒に遊ぶ	73.3	②一斉に起床させる	93.5
①子ども一人ずつのお誕生日会を行う	55.4	㉑子どもへの愛情表現を行う	70.9	⑬子どもと一緒に遊ぶ	92.8
⑪子どもが病気時にできるだけ寮内で看病する	54.0	①子ども一人ずつのお誕生日会を行う	58.6	㉑子どもへの愛情表現を行う	89.0
⑫靴下などの繕い物やボタンをつけてあげる	53.4	⑳掃除当番があること	55.3	⑮季節行事を行う	89.0
㉘退所後の生活スキルを身につけさせる	51.8	⑮季節行事を行う	55.0	⑪子どもが病気時にできるだけ寮内で看病する	88.5
⑮季節行事を行う	51.2	⑲子どもと一緒に食事をつくる	54.5	⑫靴下などの繕い物やボタンをつけてあげる	87.0
⑱整理整頓をさせること	47.2	②一斉に起床させる	51.7	㉓子どもと一緒に買い物に出かける	81.7
⑧自分用の食器がある	45.1	㉙退所児童と定期的にかかわりをもつ	48.3	㉘退所後の生活スキルを身につけさせる	81.1
㉕手作りおやつを出す	41.3	⑪子どもが病気時にできるだけ寮内で看病する	47.8	⑦日課表を使用する	81.0
㉓子どもと一緒に買い物に出かける	39.8	④個別に勉強をみる	45.4	⑰寮単位の行事	78.9
㉖父親役割・母親役割を明確にする	38.0	⑰寮単位の行事	44.1	④個別に勉強をみる	76.8
⑰寮単位の行事	37.1	⑫靴下などの繕い物やボタンをつけてあげる	44.0	㉙退所児童と定期的にかかわりをもつ	75.8
⑭子ども個人のアルバムを作成する	34.6	⑦日課表を使用する	43.8	③みんなで集まっておしゃべりする	74.0
㉙退所児童と定期的にかかわりをもつ	33.2	㉗「私の寮/施設」という帰属意識をもたせる	38.8	①子ども一人ずつのお誕生日会を行う	72.9
㉗「私の寮/施設」という帰属意識をもたせる	32.4	⑧自分用の食器がある	37.4	⑲子どもと一緒に食事をつくる	72.3
③みんなで集まっておしゃべりする	30.9	③みんなで集まっておしゃべりする	36.2	⑥寮舎内に花を飾る	71.1
⑥寮舎内に花を飾る	30.1	㉓子どもと一緒に買い物に出かける	35.0	㉕手作りおやつを出す	66.1
⑤私服を認めている	26.9	㉖父親役割・母親役割を明確にする	33.4	㉗「私の寮/施設」という帰属意識をもたせる	56.9
④個別に勉強をみる	24.2	㉕手作りおやつを出す	32.9	⑧自分用の食器がある	51.3
⑳掃除当番があること	23.5	⑥寮舎内に花を飾る	29.8	⑤私服を認めている	46.4
⑯子どもと一緒の入浴	20.7	⑭子ども個人のアルバムを作成する	22.6	⑩施設内の一斉チャイム	45.9
㉚子どもと一緒に寝る	19.3	⑯子どもと一緒の入浴	21.4	㉖父親役割・母親役割を明確にする	43.6
㉒子どもが食事のメニューを決めること	17.0	⑤私服を認めている	15.0	⑯子どもと一緒の入浴	37.8
⑨職員が子どもの洗濯物をたたむ	15.3	⑩施設内の一斉チャイム	13.3	㉒子どもが食事のメニューを決めること	35.4
②一斉に起床させる	13.2	㉚子どもと一緒に寝る	12.2	⑨職員が子どもの洗濯物をたたむ	34.1
⑦日課表を使用する	8.7	㉒子どもが食事のメニューを決めること	11.6	㉚子どもと一緒に寝る	20.2
⑩施設内の一斉チャイム	3.5	⑨職員が子どもの洗濯物をたたむ	7.0	⑭子ども個人のアルバムを作成する	18.9

個を尊重する支援：①④⑤⑧⑭㉑㉒㉔ ＝ 8 個、ケア支援：⑨⑪⑫⑯㉕㉚ ＝ 6 個、みんなで一緒に行う：③⑬⑮⑰⑲㉓ ＝ 6 個、施設的・規則的支援：②⑦⑩⑱⑳㉗㉘㉙ ＝ 8 個、環境整備：⑥、ジェンダー：㉖

と「⑫繕い物やボタン付け」も９割近く実施しているという特徴がある。

　こうした全体傾向を踏まえつつ、以下では男性職員と女性職員による違い、さらに支援する児童の性別（男子寮か女子寮か）による違いについて、有意差が見られた項目を中心に見ていく。

（２）職員の性別による「家庭的支援」と「重要な支援」

　表２は「家庭的支援だと思う」と回答した割合について、男性職員と女性職員との差において（Mann-Whitney の U 検定による）有意差が見られた支援について示している。

　全般的に女性職員は、より多くの項目において「家庭的であると強く思う」と回答している。女性職員について分類したグループ別にみていくと、【個を尊重する支援】では「㉑愛情表現」「①個別の誕生会」「⑧自分用の食器」「㉒食事のメニューを決め」について、【ケア支援】では「⑪子どもが病気時にできるだけ寮内で看病する」や「㉕手作りおやつ」について、より家庭的と回答していた。【施設的・規則的支援】では、「㉘退所後の生活スキル」と「⑱整理整頓」といった、自立や退所後の生活を意識した内容について家庭的としているが、集団を動かしていくような「⑩施設内の一斉チャイム」について、女性職員は半数近くが「家庭的とは全く思わない」と回答していた。

　一方、男性職員は、【ケア支援】のうち「⑯子どもと一緒の入浴」が家庭的支援として支持されている。この支援については第１章の考察にあるように、入浴の仕方を知らない子どもたちに対して基本的な生活スキルを習得させるための場合もあるが、「裸の付き合い」といった、一緒の入浴を通して親近感を築いていこうという場合も多い。また【施設的・規則的支援】については、「②一斉に起床させる」「⑦日課表を使用する」といったルールに基づいた支援において、「強く思う」においても「まあまあ思う」においても、男性職員が女性職員よりも高い回答となっており、より家庭的と認識している。

表2 「家庭的と思う」支援（職員の性別で有意差がみられた項目）（単位：％）

職員の性別で 有意差がみられた項目	全体「強く思う」	職員性別	強く思う	まあまあ思う	あまり思わない	全く思わない	p
㉑子どもへの愛情表現を行う	65.9	男性	62.9	32.9	3.6	0.6	＊
		女性	70.1	26.9	2.5	0.5	
①子ども一人ずつのお誕生日会を行う	55.4	男性	52.3	40.4	5.8	1.4	＊＊
		女性	60.2	34.0	5.6	0.2	
⑪子どもが病気時にできるだけ寮内で看病する	54.0	男性	51.9	38.8	8.4	0.9	＊＊
		女性	57.7	39.2	2.3	0.9	
㉘退所後の生活スキルを身につけさせる	51.8	男性	48.5	38.0	12.1	1.4	＊＊
		女性	57.1	35.1	7.3	0.5	
⑱整理整頓をさせること	47.2	男性	45.4	48.7	5.7	0.1	＊＊
		女性	49.4	46.0	4.6	0.0	
⑧自分用の食器がある	45.1	男性	43.3	39.3	15.2	2.1	＊
		女性	48.1	40.2	10.6	1.1	
㉕手作りおやつを出す	41.3	男性	39.0	49.1	10.8	1.2	＊＊
		女性	45.3	48.1	6.2	0.5	
⑯子どもと一緒の入浴	20.7	男性	23.3	41.3	28.0	7.3	＊
		女性	16.6	43.1	32.6	7.6	
㉒子どもが食事のメニューを決めること	17.0	男性	14.5	55.3	27.3	2.9	＊＊＊
		女性	21.1	56.4	22.2	0.2	
②一斉に起床させる	13.2	男性	15.7	43.9	34.1	6.3	＊＊
		女性	9.0	43.0	42.8	5.2	
⑦日課表を使用する	8.7	男性	10.1	25.0	51.7	13.2	＊
		女性	6.2	24.5	52.5	16.7	
⑩施設内の一斉チャイム	3.5	男性	4.3	9.6	42.3	43.8	＊
		女性	2.0	9.3	39.1	49.7	

Mann-Whitney の U 検定　　　　　　　＊＊＊：p<.001，＊＊：p<.01，＊：p<.05

　特に【施設的・規則的な支援】については、女性職員が自立や生活を整えていくための項目について家庭的支援と考えているのに対して、男性職員はルールに則り一斉の行動を促すような支援を、より家庭的と考えていることが特徴的である。

　同様に「より重要な支援だと思う」の回答についても、男性職員と女性職員との違いで有意差（Mann-Whitney の U 検定による）が見られた支援について示したものが表3である。ここでも、女性職員の回答において「と

表3 「重要であると思う」支援（職員の性別で有意差がみられた項目）（単位：%）

職員の性別で 有意差がみられた項目	全体「とて も重要」	職員 性別	とても 重要	まあまあ 重要	あまり重 要でない	全く重要 ではない	p
㉘退所後の生活スキルを身につ けさせる	83.4	男性	80.3	17.9	1.4	0.4	**
		女性	88.0	10.9	0.9	0.2	
⑲子どもと一緒に食事をつくる	54.5	男性	52.7	43.4	3.6	0.3	*
		女性	57.9	39.8	2.0	0.2	
⑫靴下などの繕い物やボタンを つけてあげる	44.0	男性	43.1	46.2	9.1	1.7	***
		女性	45.7	43.4	9.8	1.1	
⑥寮舎内に花を飾る	29.8	男性	28.0	55.7	15.4	0.8	**
		女性	32.1	51.1	15.6	1.1	
⑯子どもと一緒の入浴	21.4	男性	23.8	36.8	30.2	9.3	***
		女性	17.7	33.1	37.6	11.6	

Mann-Whitney の U 検定　　　　　　　　　＊＊＊：p<.001，＊＊：p<.01，＊：p<.05

ても重要」と回答されている項目が多い。【みんなで一緒に行うこと】で
は「⑲子どもと一緒に食事をつくる」ことが、【ケア支援】では「⑫靴下
などの繕い物やボタンをつけてあげる」ことが、そして【施設的・規則的
支援】では「㉘退所後の生活スキル」において差が出ている。また【環境
整備】としての「⑥寮舎内に花を飾る」ことも重要としている。

　男性職員については、【ケア支援】の「⑯子どもと一緒の入浴」につい
て、女性職員よりも「とても重要」と認識しており、「まあまあ重要」も
あわせると6割と高い。

（3）対象児童の性別による職員の「家庭的支援」「重要な支援」

　こうした職員の性別による認識の違いは、支援をしている対象児童の性
別によって異なってくるのであろうか。表4は、「家庭的支援」の認識に
ついて、男性職員と女性職員それぞれについて、男子寮と女子寮との違い
で有意差が見られた支援について示したものである。同様に「重要な支
援」についてみたものが表5である（いずれも Mann-Whitney の U 検定によ
る）。

表4　「家庭的と思う」支援（職員の性別ごとに男子寮・女子寮で有意差がみられた項目）（単位：%）

項目	寮性別	男性職員					女性職員				
		強く思う	まあまあ思う	あまり思わない	全く思わない	p	強く思う	まあまあ思う	あまり思わない	全く思わない	p
男子寮・女子寮で有意差がみられた項目											
⑳子どもへの愛情表現を行う	男子	59.0	37.4	2.3	1.3		64.5	31.9	2.9	0.7	
	女子	39.8	50.0	9.3	0.9	***	75.3	22.6	2.1	0.0	*
⑫靴下などの繕い物やボタンをつけてあげる	男子						64.1	33.1	2.8	0.0	
	女子						45.1	47.2	6.7	1.0	***
⑮季節行事を行う	男子						49.0	44.8	6.2	0.0	
	女子						59.5	37.9	2.6	0.0	*
⑯子どもと一緒の入浴	男子	26.9	43.2	24.4	5.5		21.8	44.4	28.2	5.6	
	女子	18.5	31.5	35.2	14.8	***	13.3	42.1	34.4	10.3	***

Mann-WhitneyのU検定

表5　「重要であると思う」支援（職員の性別ごとに男子寮・女子寮で有意差がみられた項目）（単位：%）

項目	寮性別	男性職員					女性職員				
		とても重要	まあまあ重要	あまり重要ではない	全く重要ではない	p	とても重要	まあまあ重要	あまり重要ではない	全く重要ではない	p
①子どもが病気時にできるだけ寮内で看病する	男子	47.5	45.2	5.5	1.8		59.3	37.9	2.8	0.0	
	女子	29.6	53.7	14.8	1.9	***	46.4	43.8	8.2	1.5	**
②靴下などの繕い物やボタンをつけてあげる	男子	25.4	55.2	18.4	1.0		53.9	42.6	3.5	0.0	
	女子	33.3	57.4	9.3	0.0	*	43.5	49.7	6.7	0.0	***
④個別に勉強をみる	男子						56.6	39.3	4.1	0.0	
	女子						43.5	49.7	6.7	0.0	
⑥寮内に花を飾る	男子						37.8	47.7	13.0	1.6	***
	女子										
⑭子ども一人のアルバムを作成する	男子						19.4	39.6	32.6	8.3	*
	女子						23.3	49.2	22.8	3.6	
⑯子どもと一緒の入浴	男子	27.1	39.8	25.6	7.5	***	26.1	35.9	30.3	7.7	***
	女子	17.8	29.9	34.6	17.8		12.8	30.3	40.5	16.4	
⑳施設内の一斉チャイム	男子						8.4	24.5	36.4	30.8	
	女子						11.3	28.7	39.5	20.5	*

Mann-WhitneyのU検定

＊＊＊：p<.001，＊＊：p<.01，＊：p<.05

表4と表5から、男子寮・女子寮別に、より家庭的・より重要と回答された支援を書き出してみる。カッコ内は回答者が男性職員であるのか、女性職員であるのかを示している。

〈男子寮〉

【ケア支援】・繕い物やボタン付け（男性職員・女性職員）

　　　　　　・子どもと一緒の入浴（男性職員・女性職員）

　　　　　　・病気時に寮内で看病（女性職員のみ）

【個別支援】・個別に勉強をみる（女性職員のみ）

〈女子寮〉

【個別支援】・愛情表現を行う（女性職員のみ）

　　　　　　・子ども個人のアルバム作成（女性職員のみ）

【みんなで行うこと】・季節行事を行う（女性職員のみ）

【環境整備】・寮内に花を飾る（男性職員のみ）

【施設・規則的支援】・施設内一斉のチャイム（女性職員のみ）

　男子児童に対してはケアに関わる支援があげられており、とりわけ男性・女性職員ともに有意な差が出ていた「繕い物やボタン付け」については、「家庭的であると強く思う」においても「とても重要である」においても、男子児童に対しては20ポイントほど高く、大きな差が生じていた。「縫い物は、女性にとっては自ら行うもので、男性にとってはやってもらうもの」といった一般的なイメージもあるため、男性職員も女性職員も、男子児童に対しては、より家庭的支援で重要な支援と認識しているのであろう。また、女性職員の回答に見られた個別支援においても、「個別に勉強をみる」ことが男子児童に対して「とても重要である」と差が生じており、ここにも男性は女性より勉強が必要といった考え方が影響しているのかもしれない。

　一方、女子児童に対しては女性職員による回答が多く、その内容も「愛

情表現」や「個別のアルバム作成」など、その子の心理的なケアも含めた育ちに関わる支援をあげている。また、「季節行事」や「花を飾る」といった支援は、「女子児童であれば、そうした支援を喜ぶであろう」というジェンダーバイアスに基づく思いがあるのかもしれない。

　ここで注目されるのが、女性職員の回答による「施設内の一斉チャイム」である。児童の性別を考慮しない回答（表2）においては、女性職員は一斉チャイムを「家庭的であるとは全く思わない」が49.7％であったが、女子寮に限定した一斉チャイムは「とても重要」「まあまあ重要」という回答が男子寮よりも高く、あわせて40.0％にもなっている。対象児童が女子の場合には、規律による支援が重要であると認識しているようである。

（4）職員や対象児童の性別による「実施している支援」

　では、実際の行動レベルにおいてジェンダーバイアスは影響しているのであろうか。表1に示したように、全体の傾向としては30項目中22項目が半数以上の施設で実施しており、そのうちの19項目は7割以上と高い実施率である。

　表6は、それらについて職員の性別の違いにより有意差が見られた項目であり、表7は職員の性別に加えて担当している男子寮・女子寮の違いも含めて差が見られた項目である（いずれもカイ二乗検定による）。職員の性別による違いでは、全般的に男性職員の方がより「やっている」と回答している項目が多く、女性職員では「わからない」と回答する項目が多かった。女性職員について、「㉗『私の寮／施設』という帰属意識をもたせる」「㉘退所後の生活スキルを身につけさせる」といった項目は、該当する項目の具体的支援内容が不明瞭な点もあり「わからない」という回答が多くなっているとも推察される。しかし、「⑩施設内の一斉チャイム」「㉑子どもへの愛情表現を行う」「⑦子どもと一緒に買い物に出かける」といった、実施しているかどうかが明らかであると思われる項目についても、女性職員

表6　「実施している」支援（職員の性別で有意差がみられた項目）（単位：%）

職員の性別で有意差がみられた項目	全体で「やっている」の割合	職員性別	やっている	やっていない	わからない	p
㉔個々の子どもとの対話の時間をもつ	94.3	男性	94.1	3.5	2.4	＊
		女性	94.8	0.8	4.4	
㉑子どもへの愛情表現を行う	89.0	男性	90.5	4.3	5.2	＊
		女性	86.8	3.3	9.9	
㉓子どもと一緒に買い物に出かける	81.7	男性	83.7	13.2	3.1	＊＊
		女性	78.4	13.9	7.7	
㉘退所後の生活スキルを身につけさせる	81.1	男性	81.7	7.5	10.8	＊
		女性	79.9	4.7	15.4	
㉕手作りおやつを出す	66.1	男性	63.1	26.6	10.2	＊
		女性	70.9	20.6	8.5	
㉗「私の寮／施設」という帰属意識をもたせる	56.9	男性	59.9	16.9	23.2	＊＊
		女性	52.1	14.4	33.5	
⑩施設内の一斉チャイム	45.9	男性	48.4	46.3	5.3	＊＊
		女性	41.8	47.5	10.7	
⑯子どもと一緒の入浴	37.8	男性	41.8	49.4	8.8	＊＊
		女性	31.4	57.4	11.3	

カイ二乗検定　　　　　　　　　　　　　　　　　　　　　＊＊：p<.01，＊：p<.05

の１割弱が、その支援の実施については「わからない」と回答している。自らの支援が「やっている」と言えるほどのものであるかどうか確信がもてないゆえの回答であるのか、あるいは「わからない」と回答させる他の要因があるのかもしれない。

　表7についても、男子寮・女子寮別に、より実施している支援を書き出してみる。先の「家庭的・重要と認識している」支援と、この「実施している」支援を比べると、具体的な支援項目については一致しないものの、カテゴリーでは、やはり男子児童に対してはケアに関する支援が特徴的となっている。ただし、認識のレベルでは差が生じていた「ボタン付けなどの繕い物」については、実施レベルにおいての有意差は見られなかった。

表7 「実施している」支援（職員の性別ごとに男子寮・女子寮で有意差がみられた項目）（単位：%）

支援項目	寮性別	男性職員				女性職員			
		やっている	やっていない	わからない	p	やっている	やっていない	わからない	p
①子ども一人ずつのお誕生日会を行う	男子	70.7	21.2	8.1	**	68.1	23.2	8.7	**
	女子	86.3	12.7	1.0		84.1	12.1	3.8	
⑲子どもと一緒に食事をつくる	男子	68.4	26.3	5.3	**	58.1	23.3	18.6	***
	女子	83.5	11.7	4.9		34.8	41.4	23.8	
⑥寮舎内に花を飾る	男子	66.3	27.7	6.0	***				
	女子	91.1	5.0	4.0					
㉖父親役割・母親役割を明確にする	男子					48.5	44.1	7.4	***
	女子					21.0	73.1	5.9	
⑯子どもと一緒の入浴	男子	50.3	43.4	6.3	***				
	女子	17.8	75.2	6.9					
⑨職員が子どもの洗濯物をたたむ	男子					39.7	52.2	8.1	**
	女子					26.4	70.9	2.7	
㉚子どもと一緒に寝る	男子	24.1	67.3	8.6	*				
	女子	13.7	80.4	5.9					

カイ二乗検定　　　　　　　　　　　　　　＊＊＊：p<.001, ＊＊：p<.01, ＊：p<.05

〈男子寮〉

【ケア支援】・子どもと一緒の入浴（男性職員・女性職員）

　　　　　　・職員が子どもの洗濯物をたたむ（女性職員のみ）

　　　　　　・子どもと一緒に寝る（男性職員のみ）

【ジェンダー】・父親役割・母親役割の明確化（女性職員）

〈女子寮〉

【個別支援】・子ども一人ずつの誕生会（男性職員のみ）

【みんなで行うこと】・子どもと一緒に食事づくり（男性職員のみ）

【環境整備】・寮内に花を飾る（男性職員・女性職員）

３．子どもたちからみた支援の評価

（１）男子児童と女子児童の評価の違い

　今度は、入所児童から見た支援について検討する。【調査４】における児童の男女比は、無回答を除き男子72.3％、女子27.7％と男子児童が多い。所属している寮の形態は、夫婦制が51.7％、交替制が48.3％である。

　第３章でも触れているように、入所児童たちは入所前の家族関係に課題がある者も多く、彼らに対して「家庭的」か否かを問う事は難しく酷でもある。そこで子ども達が受ける支援について、「うれしい」「うれしくない」「わからない」の三件法でたずねた。表8は児童全体と男子児童、女子児童別の回答である（有意差はカイ二乗検定による）。

　表8における子どもたちへの質問項目は、施設職員の支援項目（表1）における文言を支援を受ける側に沿うように変えている。また次の支援項目については、職員「子どもへの愛情表現を行う」→児童「やさしい言葉かけやスキンシップがある」、「退所後の生活スキルを身につけさせる」→「自分一人で生活できるように教えてくれる」、「私服を認めている」→「自分の好きな服を選ぶ」と表現を変更している。さらに、職員への調査

表8　入所児童からみた「うれしい」支援（全体／児童性別）（単位：%）

「うれしい」と思う支援（全体の降順）	全体	男子児童	女子児童	p
⑯季節行事（ひなまつり、クリスマスなど）をしてくれる	77.6	77.0	79.1	
①一人ひとりのための誕生日会を開く	74.5	74.5	74.5	
㉔一緒に買い物に出かける	70.6	73.0	64.1	*
⑬大人がボタンつけなどの縫い物をしてくれる	69.5	73.5	59.1	***
⑭一緒に遊んでくれる	68.8	71.5	61.6	**
㉕個別に自分の話を聞いてくれる	66.1	65.7	67.2	
⑫病気の時に看病してくれる	63.0	65.1	57.7	
㉖手作りのおやつを作ってくれる	62.5	61.0	66.5	
⑱寮ごとの行事がある	62.4	62.8	61.4	
③みんなで集まっておしゃべりする	57.7	60.4	50.5	*
⑳一緒に食事を作ることがある	53.1	51.0	58.6	
④個別に勉強をみてくれる	52.5	52.4	52.7	
㉒優しい言葉かけやスキンシップがある	51.9	52.0	51.6	
㉙自分一人で生活できるように教えてくれる	49.8	52.5	43.0	*
⑨洗濯物をたたんでくれる	44.1	45.4	40.7	
㉓自分たちで食事のメニューを決めることがある	42.2	41.8	43.2	**
⑤自分の好きな服を選ぶ	41.9	41.3	43.4	
⑧自分専用の食器がある	38.1	38.7	36.5	
㉑掃除当番がある	33.7	35.4	29.3	*
⑮自分のアルバムを作ってくれる	32.8	31.9	35.1	
㉗男性らしさと女性らしさがはっきりしている	31.9	34.5	25.2	*
⑲整理整頓の時間が決められている	31.0	32.2	27.6	
㉘「私の寮・自分の施設」と感じている	29.3	31.2	24.4	
⑦日課表にそって生活する	28.9	30.9	23.6	
⑩父親らしさと母親らしさがはっきりしている	28.1	29.1	25.6	
⑥花を飾る	27.7	26.5	30.8	
②一斉に起床する	23.2	25.0	18.3	*
⑰お風呂に一緒に入ってくれる	21.7	22.1	20.7	
⑪寮でチャイムがなる	16.6	19.0	10.0	**

カイ二乗検定　　　　　　　　　　　　　＊＊＊：p<.001, ＊＊：p<.01, ＊：p<.05
個の尊重：①④⑤⑧⑮㉒㉓㉕＝8個、ケア支援：⑨⑫⑬⑰㉖＝5個、みんなで一緒に行う：③⑭⑯⑱
⑳㉔＝6個、施設的・規則的支援：②⑦⑪⑲㉑㉘㉙＝7個、環境整備：⑥、ジェンダー＝⑩㉗

表9　入所児童からみた「うれしい」支援（児童性別で有意差がみられた項目）（単位：%）

児童の性別で有意差がみられた項目	児童性別	うれしい	うれしくない	わからない	p
㉔一緒に買い物に出かける	男子	73.0	10.8	16.2	＊
	女子	64.1	11.7	24.2	
⑬大人がボタンつけなどの繕い物をしてくれる	男子	73.5	6.9	19.6	＊＊＊
	女子	59.1	8.7	32.2	
⑭一緒に遊んでくれる	男子	71.5	6.7	21.7	＊＊
	女子	61.6	10.9	27.5	
③みんなで集まっておしゃべりする	男子	60.4	8.8	30.8	＊
	女子	50.5	10.8	38.7	
㉙自分一人で生活できるように教えてくれる	男子	52.5	12.9	34.6	＊
	女子	43.0	10.3	46.7	
㉓自分たちで食事のメニューを決めることがある	男子	41.8	24.4	33.8	＊＊
	女子	43.2	14.7	42.1	
㉑掃除当番がある	男子	35.4	30.7	34.0	＊
	女子	29.3	39.2	31.5	
㉗男性らしさと女性らしさがはっきりしている	男子	34.5	11.7	53.8	＊
	女子	25.2	9.3	65.6	
②一斉に起床する	男子	25.0	31.7	43.3	＊
	女子	18.3	29.5	52.2	
⑪寮でチャイムがなる	男子	19.0	31.3	49.7	＊＊
	女子	10.0	31.6	58.4	

カイ二乗検定　　　　　　　　　　　＊＊＊：p<.001，＊＊：p<.01，＊：p<.05

で実施した、「退所児童と定期的にかかわりをもつ」と「一緒に寝る」の項目については児童への質問からは除き、「男性らしさと女性らしさがはっきりしている」というジェンダーに関わる項目を加えた。結果、児童への質問項目数は職員よりも1項目少ない29項目となっている。

　表9は、有意差がみられた項目について「うれしい」「うれしくない」「わからない」の各選択肢の％も含めて記している。「うれしい」という回答は圧倒的に男子児童が多く、女子は「わからない」という回答が高くなっている。男子が喜んでいる支援内容を見ていくと、ケア支援（ボタン付け）だけではなく、みんなで行うこと（一緒の買い物、一緒に遊ぶ、集まっておしゃべり）や、施設的・規則的支援（掃除当番、一斉起床、寮のチャイ

ム）においても、女子児童よりも高い割合で「うれしい」と回答している。

　職員から男子児童に対してはケア支援に偏向しがちな傾向が見られたが、男子児童にとっては、取り立ててケア支援が嬉しいというものではなく、様々な支援を喜んでいる状況がうかがえる。

（2）寮舎の違いによる評価

　次に、児童が暮らしている寮舎の形態について夫婦制と交替制の違いでみていく。表10は、男子児童と女子児童それぞれについて寮種別で有意差がみられた支援の項目である。

　寮舎の違いによる分析は第4章に詳しく、そこでは夫婦制が子どもの養育にとって効果的であるとの分析を得ているが、子どもからの評価としては、特に男子児童において顕著となっていた。

　すなわち、全体的に男子の「うれしい」という回答は夫婦制において高い項目が多く、個別的支援（個々の誕生会、優しい言葉かけ）や一緒の活動（買い物、食事づくり）、ケア支援（ボタン付け、看病、手作りおやつ、洗濯たたみ）、ジェンダーに関する項目（父親らしさと母親らしさ）、環境整備（花を飾る）と多項目に渡っている。しかし、「一緒の入浴（男子児童での実施率：34.4％）」「自分の好きな服を選ぶ（実施率：29.2％）」「自分のアルバムを作ってくれる（実施率：16.1％）」といった支援の実施が低い項目や、施設的・規則的支援（掃除当番、整理整頓、日課表にそった生活）においては「わからない」が高くなっている。さらに個別支援における「自分の話を聞いてくれる」といった、職員と1対1で向き合う支援については、実施率が81.6％と高いにも関わらず夫婦制において「わからない」という回答が27.1％と高くなっている。

　女子児童については、有意差が見られた項目が「手作りおやつ」と「寮でのチャイム」だけの2項目と少なく、特に手作りおやつは夫婦制で「うれしい」が高くなっている。

項目		夫婦制/交替制			
㉑掃除当番がある	夫婦制	37.2	23.1	39.7	***
	交替制	33.2	39.1	27.6	
⑮自分のアルバムを作ってくれる	夫婦制	32.1	14.7	53.3	***
	交替制	32.0	23.5	44.6	
⑲整理整頓の時間が決められている	夫婦制	32.7	18.1	49.2	*
	交替制	31.7	28.2	40.1	
⑦日課表にそって生活する	夫婦制	30.9	23.6	45.5	***
	交替制	31.4	36.9	31.7	
⑩父親らしさと母親らしさがはっきりしている	夫婦制	36.7	12.6	50.7	***
	交替制	21.1	19.6	59.2	
⑥花を飾る	夫婦制	33.1	13.1	53.8	***
	交替制	19.0	27.5	53.5	
②一斉に起床する	夫婦制	27.2	26.6	46.2	*
	交替制	23.1	36.6	40.3	
⑰お風呂に一緒に入ってくれる	夫婦制	17.5	36.6	45.9	**
	交替制	26.6	37.3	36.1	
①寝てもチャイムがなる	夫婦制	5.9	28.7	65.4	*
	交替制	14.1	34.4	51.6	

カイ二乗検定

＊＊＊：p<.001，＊＊：p<.01，＊：p<.05

表10　入所児童からみた「うれしい」支援（性別ごとに業種別で有意差がみられた項目）（単位：％）

業種別で有意差がみられた項目（全体の降順）	業種別	男子児童				女子児童			
		うれしい	うれしくない	わからない	p	うれしい	うれしくない	わからない	p
①一人ひとりのための誕生日会を開く	夫婦制	83.6	2.4	14.0	***				
	交替制	64.2	9.6	26.2					
㉔一緒に買い物に出かける	夫婦制	78.1	6.8	15.0	***				
	交替制	67.1	15.5	17.5					
⑬大人がボタンつけなどの繕い物をしてくれる	夫婦制	75.8	4.3	19.9	*				
	交替制	70.8	9.6	19.5					
㉕個別に自分の話を聞いてくれる	夫婦制	65.5	7.5	27.1	*				
	交替制	65.9	13.8	20.3					
⑫病気の時に看病してくれる	夫婦制	68.5	3.5	28.0	**				
	交替制	61.2	10.2	28.6					
㉖手作りのおやつを作ってくれる	夫婦制	74.0	4.7	21.3	***				
	交替制	48.1	22.3	29.6					
㉗一緒に食事を作ることがある	夫婦制	56.5	10.3	33.2	**				
	交替制	45.2	19.2	35.6					
㉒優しい言葉かけやスキンシップがある	夫婦制	54.6	8.6	36.8	*				
	交替制	48.7	14.5	36.8					
㉙自分一人で生活できるように教えてくれる	夫婦制	54.7	9.7	35.6	*				
	交替制	50.6	16.2	33.2					
⑨洗濯物をたたんでくれる	夫婦制	50.1	17.4	32.4	*				
	交替制	40.9	23.6	35.4					
⑤自分の好きな服を選ぶ	夫婦制	41.1	18.9	40.0	***	76.1	5.1	18.8	**
	交替制	41.4	33.2	25.4		55.0	12.4	32.6	

4.「家庭的」と支援

（1）ケアと自立に関する支援

　これまでみてきた、支援における職員の傾向と入所児童たちの評価とを照らし合わせてみていく。特に男女での傾向がみられた、「ケアに関する支援」と「施設的・規則的な支援」について考察していく。

　職員が「家庭的」で「重要」と強く思っている支援内容については、特に担当している寮舎、すなわち児童の性別によって違いが見られた。男子児童に対しては、世話をしてあげる対象として「靴下などの繕い物やボタンを付けてあげること」や「子どもが病気時にできるだけ寮内で看病する」といった内容について、女子児童よりも1～2割程度高かった。実施率においても「繕い物：男子82.7％、女子62.1％」「看病：男子67.6％、女子60.7％」と、より男子児童に対して行っている。

　ケアを受ける対象である男子児童たちも「うれしい」と感じており、特に夫婦制の男子においては全般的に支援に対する評価が高くなっている。

　【調査3】のヒアリングにおける男性職員（男子寮担当）の語りからは、世話をすることを通して「人に甘える経験の大切さ」を子どもに伝えたいという思いも読み取れる。

　　＊靴下のかかとに穴があいたとき、学園ではそこを縫って使う。自分が
　　　単独職員の時代は、生徒自身にそれをやらせて、それも縫い物の勉強
　　　なのかなと思っていたが、今の寮では自然に寮母にお願いしている。
　　　そこで人に甘えたり、ちゃんとお願いする、寮母にお願いする・甘え
　　　る経験もさせたいと思っている（男性職員）。

　これは一職員の声であるが、育ちの過程で「人に甘える経験」をすることは大切であり、児童自立支援施設に繋がる生育歴をもった子どもたちにとっては特に重要である。そうであれば、女子児童に対しても男子児童と

同等にケアに関わる支援を行っていくことが求められるであろう。社会通念的・慣習的には「女の子なのだから、ボタンつけぐらいできるように」といった考えは残っているが、「縫い物を教える」以前に、世話を受けることを通して「自分が大切にされている」ということを、子ども自身が実感できる機会を提供していく必要がある。女子児童の評価をみても、男子児童よりは低いとはいえ、ケアに関わる「繕い物」「看病」「手作りおやつ」支援は「うれしい」が6割前後感じており（表8）、女子児童においてもケア支援が求められていると思われる。

　一方、女子児童に対しては「個別の愛情表現」や「個人のアルバム作成」「季節行事」「花を飾る」などの心理的ケアや育ちに関わる支援が、より家庭的で重要と捉えられていた。これらは主に女性職員における回答で有意差が見られた。

　職員の性別においては「施設的・規則的な支援」における支援項目ついて特徴がみられ、男性職員は「一斉起床」や「日課表の使用」などのルールに則り行動させることが家庭的であると回答しているのに対して、女性職員は「退所後の生活スキルを身につけさせる」や「整理整頓をさせる」といった自立を意識した支援が、家庭的で重要なものと認識していた。

　こうした男性職員の規則重視に呼応するように、男子児童は寮の規則を評価する傾向にある。他の質問で「寮生活での生活のしやすさ」をたずねているが、男子児童は「寮のきまり」や「寮の作業」といった、子どもにとっては不自由で面白くないと思われるような内容についても、半数以上が「生活しやすい」と回答していた。児童自立支援施設の特徴である「枠のある生活」[1]は、男子児童において、より評価される特徴がある。

　また、女子児童に対する支援の考え方については、単に女子児童が喜ぶと考えて支援を提供するだけではなく、彼女たちが将来にもつかもしれない家庭において、季節行事やケア役割などを提供する人（母親）となることへの準備の意味合いが含まれているのかもしれない。ヒアリング調査における女性職員の回答からも、母親となることの可能性を心配しつつ、そ

の役割遂行に向けた自立支援に重きが置かれる様子がうかがえる。

> ＊施設の女の子たちは、わりと若い年齢で母親になる。何も知らないま
> ま子どもが子どもを産むような感じ。結婚、子育て、男性関係などの
> 話をあえて時間をつくってするということは難しいが、生活の中で教
> えられたらと思っている（女性職員）。

　女子児童に対しては退所後の生活が心配されるためか、「退所児童と定
期的に関わりをもつ」支援については、全体では75.8％の実施率（表1）で
あるが、女子児童に対しての実施率は男性・女性職員ともに高くなってい
た（男性職員：80.4％、女性職員：81.8％）。このアフターケアについて、児童
からの評価は、今回の入所児童への調査では質問していないため得られな
い。しかし、自立に向けたリービングケアについての評価としては、「自
分一人で生活できるように教えてくれる（＝退所後の生活スキルを身につけさ
せる）」について、「うれしい」と評価する女子児童は43.0％と半数を切っ
ており、高い評価を得ているとは言い難い。
　今回の調査では、全般的に女子児童についての特徴が、男子児童ほど
には見いだせなかった。その理由としては、女子児童において「わから
ない」の回答が多かったためである（表9）。彼女たちがアンケート調査
に対して動機づけが低い、あるいは拒否的な気持ちの表れかもしれないが、
女子児童全体に渡って「わからない」が多くなるのは、調査が嫌いという
理由だけではないであろう。今回のアンケート調査では、その理由までは
明らかにはできないが、子どもたちに自らの「自己肯定感」についてたず
ねた質問について注目したい。表11は、児童生徒の性別の違いによる自
己肯定感の8項目について有意差がみられた項目である（Mann-Whitneyの
U検定による）。表11にあるように、8項目すべてにおいて有意差が見ら
れ、いずれも女子児童の方が自己肯定感は低く表れている。否定的な回答
である「あてはまらない＋全くあてはまらない」について、女子児童の回

表11　入所児童からみた「自己肯定感」（性別ごとに有意差がみられた項目）（単位：%）

児童の性別で有意差がみられた項目	児童性別	とてもあてはまる	ややあてはまる	あまりあてはまらない	全くあてはまらない	p
①やると決めたことは最後までやり通す	男子	31.3	42.8	18.9	7.0	**
	女子	19.1	51.4	21.6	7.2	
②自分のことをわかってくれている人がいる	男子	53.1	25.5	12.7	8.8	***
	女子	38.6	33.2	15.9	12.3	
③今の自分を気に入っている	男子	30.1	24.8	24.9	20.3	***
	女子	11.2	26.4	26.8	35.7	
④自分はやればできる人間だと思う	男子	47.4	22.2	17.6	12.8	**
	女子	34.5	28.4	20.7	16.4	
⑤むずかしいことにもくじけずがんばれる	男子	28.0	31.0	26.1	14.9	***
	女子	12.0	33.7	33.0	21.4	
⑥なんでも話せる友だちがいる	男子	50.5	19.4	15.2	14.9	**
	女子	41.7	16.7	16.7	25.0	
⑦ありのままの自分が好きだ	男子	32.4	23.4	22.8	21.4	***
	女子	22.4	22.4	21.3	33.8	
⑧他の人に自慢できることがある	男子	45.6	19.5	17.4	17.4	***
	女子	30.7	20.6	20.9	27.8	

Mann-Whitney の U 検定　　　　　　　　　＊＊＊：p<.001, ＊＊：p<.01

答が高い項目をみると（文面を反転して示す）、「③今の自分を気に入っていない（62.5%）」「⑦ありのままの自分が好きではない（55.1%）」「⑤むずかしいことにはくじけてしまいがんばれない（54.4%）」「⑧他の人に自慢できることがない（48.7%）」となる。自分や自分のがんばりも否定している状況では、アンケートの様々な質問項目に対して「わからない」と回答することも納得がいく。

　女性職員が「一斉のチャイム」を「家庭的と全く思わない」と回答している（表2）にもかかわらず、対象児童が女子の場合には「重要」と回答している（表5）のも、自己肯定感が低い女子児童たちの支援（指導）の難しさから出てきた回答かもしれない。

（2）「家庭的」であることと専門性

　最後に、支援として「家庭的」であるという特徴と、支援の専門性について考えてみたい。本研究がスタートした頃のエピソードであるが、研究メンバでアンケート調査の設問として「家庭的」支援を考えていく際に、「花を飾る」「ランチョンマットを使う」「手作りのおやつをつくる」など様々な項目があがってきた。しかし、実際に各々の家庭で、それらを行っているのか……と言えば、例えば上記の3項目は、毎日、日常的に行っている者はおらず、イメージとしての「家庭的」なるものと、その実際との隔たりを考えさせられた。先の表1からも、「花を飾る」や「みんなで集まってのおしゃべり」といった項目は、家庭的な支援として認識しているのは職員の3割にすぎないが、支援としては7割以上で実施していた。

　今回の調査を通して見えてきた「家庭的」支援も、「家庭」・「家族」という言葉が使われてはいるものの、施設職員が自分の家庭で行っていることをそのまま支援として行っているわけではない。やはり家庭支援ではなく、家庭「的」支援なのであろう。家庭的支援では行っていても家庭ではできていないことがあるように、家庭ではできても家庭的支援においてはできないことや、すべきではないこともあり得る。

　再び表1において、「家庭的支援」の認識では6位・7位に位置していたケアに関する支援（看病、繕い物）が、「重要な支援」の認識では、それらに代わって施設的・規則的な支援（掃除当番、一斉起床）が重要視される結果となっていた。施設職員が「とても重要」と考えている支援では、「個の尊重・個別的対応」と「みんなで一緒に行うこと」、そして「施設的・規則的支援」が上位に位置しており、実際の支援では、「掃除」「整理整頓」「日課」「退所後のスキル獲得」や「退所児童との定期的かかわり」など、自立のために必要な支援も含めた、施設的・規則的な支援が提供されている。職員が、こうした自立に関わる支援を「とても重要」と考え実践するのは、下記のヒアリングの回答にもあるように、子どもたちの退所後の生活を心配してのことである。

＊彼らが自分のことを親だと思っているわけはないし、彼らを必ず家庭
に返したり児童養護施設に送らなければならない。その次のステップ
を念頭に入れた上で支援している。（男性職員）

＊施設退所後に自分で生活をしていかなければならないという場合もあ
るので、社会に出てから必要なことは身につけてほしい。（女性職員）

施設での支援を家庭に近づけるのであれば、施設の中での養育のプロセ
スだけではなく、施設退所後についても一般家庭の子どもたちと同じよう
に、長期にわたって何度も失敗できることが担保される必要がある（岩田
2008）。近年、退所児童に対する支援の関心も高まってきているが、未だ
十分ではない現実（東京都社会福祉協議会 2020 など）があることを施設職員
は知っているからこそ、施設にいる期間での「自立に向けた支援」に力が
入る結果となっているのであろう。

支援におけるジェンダーの特徴については、男子児童に対するケア支援
の提供や女子児童に対する生活関連自立のための支援という傾向があった。
私たちが内面で抱きがちなジェンダーバイアスに基づく支援の差は解消し
ていくことが求められるが、父親・母親らしさや、男性性・女性性につい
ては、どのような支援が求められるのであろうか。

先の表2から「父親・母親役割を明確にする支援」について見ると、職
員全体では 43.6％ の実施率であるが、男子寮の女性職員でみると、「父
親・母親役割を使って支援する」者が 58.1％ と高くなる（表7）。

ヒアリングでは女性職員だけではなく男性職員も、父親や男性性、母親
や女性性といった違いを使って、自分とは異なる性へのいたわりを育む実
践が語られていた。

＊夫婦の中でわざと役割を作ってはいる。寮母は体のことをメインで心
配する形（女性職員）。

＊女子寮では、寮母は嫌われ役。寮長は寮母サポート（女性職員）。

＊男の子でも若くして父親になる場合もある。施設退所後の環境にもよ
　る。高校に進学するとなると、高校でも性教育を学ぶ機会があるが、
　就職する子たちは、なかなか正しい情報を得る機会がない。そのよう
　な子どもに対しては、男性職員から話す。その時にどんな話をするか
　は、職員間で話し合って決める（女性職員）。

＊女性職員がいないと生活が成り立たないということを意識づけるため
　に、役割を分けてやっている（男性職員）。

＊自分が家庭を持ったときに、子どもや奥さんという、自分より明らか
　に立場的に弱い人と生活するなかで、そういう人たちのことを思って
　言葉や振る舞いを考えなければならないと伝える（男性職員）。

＊お父さんというよりは、男性の力が強いのは、女性を守るためなんだ
　ということは、よく言っている。今までは、その力を別の方向、殴っ
　たりとか女性に暴行するとか、そういうことに使っていたけれど、女
　性を守るために使うんだ、女性はこんなに大事なんだと、その力で女
　性を守ってあげるんだと伝える（男性職員）。

　こうした男女の違いを使った支援に対する子どもたちの評価は、「父
親・母親役割」についても「男性・女性らしさ」についても、全体では3
割前後の評価である（表8）が、児童の性別では男子児童が「男性・女性
らしさ」について（表9）、寮の形態別では夫婦制の男子児童が評価する
傾向にある（表10）。職員へのヒアリング調査からは、子どもたちの方が
男性職員と女性職員、寮長と寮母の使い分けをしている状況も見られる。

　＊ボタン付けなどは、寮長ではなく、寮母のところに子どもたちは持っ
　　てくる（女性職員）。
　＊子どもたちは、男女で職員への甘え方も違ってくるため、接し方を変
　　えている（女性職員）。

＊子どもたちは、どれだけ寮母に叱られても寮母が一番好きという（男性職員）。

　家族が多様化している現代において、父母子家族をモデルに支援することに対しては、疑問や批判も出てくるであろう。子どもの虐待をみれば明らかなように、家族ならばうまくいくはずだ、といった家族を無条件に肯定することには危うさが伴う。さらに「普通の」家族や「普通の」お父さん・お母さんといった社会の考え方が、それ以外の様々な家族のあり様を否定することにも繋がりかねない。

　しかし、こうした家族主義的な考えを脱することと、「家族」を否定することとは同じではないだろう。ここに入所している子どもたちは、家族というものを経験していない、あるいは経験している場合であっても家族として機能していない、さらには虐待を受けるような経験をしてきている。そうした子どもたちに対してこそ、家族構成員が平等で子どものウェルビーイングにとって機能するような「家族なるもの」を通して支援していく事が求められるのではないだろうか。

　支援の伝わりやすさや効果のために、性別や寮長・寮母といった父親・母親を連想する役割を使って支援する場合もある。しかしそれは男性と女性が固定化されたものではなく、状況に応じて使い分けや入れ替えが行われる役割であり、さらに職員間での相談や打ち合わせた上での役割である。

＊子どもたちも興味を持って、「家事するんですね。男なのに」とか言ってきたり、「今の男はこういうことするんだよ。お前たちもやるんだよ」と返すなど、こういう関わりは大事なのかと思っている（男性職員）。
＊自分自身、料理は得意。ある程度の裁縫も。子どもたちにその様子を見せる（男性職員）。
＊男子だから〇〇ができなけば、とは思わない。本人がやりたいと言っ

たときに、リンゴの皮むきをしたいのであればさせるし、そこはあま
　　り性別を気にしていない（男性職員）。
　＊男の子でも料理好き、スポーツが苦手な子はいる。良いことはどんど
　　ん伸ばしてあげたい（女性職員）。
　＊基本的に、裁縫や料理は寮長も寮母も「一緒に」やる。子どもたちが
　　一番喜ぶ（女性職員）。
　＊昔から子どもたちによく、「漫才見てるみたい」と言われる（女性職員）。
　＊子どもの処遇方針や対応に関しては、一応夫婦で相談して（女性職員）。

　ヒアリングからは、男性職員が男子児童に対して積極的に家事を示すよ
うな性別に固定されない内容も見られる。大切なことは、子どもの特性や
背景を考慮し、その「見立て（アセスメント）」に応じて、提供する支援の
内容と方法を職員間で工夫していくことであろう。子どもたちの生活を整
え成長を促す実践は、表面的には衣食住を中心に私たちの日常の子育てと
同様に見えるかもしれない。しかし、日常の無目的な関わりの大切さ（滝
川 2017）に加えて、見えづらい専門性が求められる。医療などの特別な手
当てをするような専門性とは異なり、生活を支えていくという実践は地味
で見えづらい専門性であるが、そこにこそ社会的養護実践としての家庭的
支援の専門性が求められる。一般家庭では、親が我が子をアセスメントし
て子育てを行ってはいないが、施設においてはアセスメントの質と、それ
に基づいた支援が重視されている。ここからも、施設における家庭的支援
は単に家庭支援に近づけていけばよいというものではないと考えられる。
前述の自己肯定感の低い女子児童への対応についても、より確かな見立て
が求められる。
　施設養護における家庭的支援とは、「個を尊重した個別的対応」や「自
分が大切にされていると感じることができるケア」、また「一緒に楽しむ
機会」といった支援を、当該児童への見立てに基づき「家庭的なるもの」
を通して提供される支援である。その際、必要に応じて性別や家族役割を

使うことで、子どもが一般家庭の子育ちに近い経験ができるように配慮しつつも、社会一般が抱きやすいジェンダーバイアスや家族主義的な考え方とはならない「家庭的」性格が求められる。今日、社会的養護に至る子どもたちは、親はいても適切な養育を受けることができない、虐待や貧困、親の精神疾患などの複合的な不利を負っており、マイナスの状態から養育がスタートする。そうした子どもたち一人ひとりに寄り添って支援していくためには、インケアにおいてもアフターケアにおいても、家庭で育っていく子どもたちと同様の養育条件が、子どもたち、そして支援者に対しても求められる。特に施設における職員は、家庭的支援を実践したい思いと、自立に向けて育て上げなければならない故の施設的処遇とのジレンマで支援を展開している。職員たちの諸条件や想いにも目を向けていくことが、「家庭的」支援の質を高めていくためにも必要であろう。

【注】

1　児童自立支援施設の生活は「枠組みのある生活」が前提となっており、「空間的枠組み」と「時間的枠組み」があげられる。その意義は、「規則正しい生活を営むことを習慣づけること」と「外部刺激を一定程度遮断すること」にあるとしている。(野田・梅山 2014)

【引用・参考文献】

岩田美香（2008）「少年非行からみた子どもの学校と貧困──見守り役としての学校」浅井春夫・松本伊智朗・湯澤直美編『子どもの貧困　子ども時代の幸せ平等のために』明石書店

岩田美香 他（2016）『社会的養護における「家庭的」支援の検討──児童自立支援施設からの考察　2015 年度調査報告書』

岩田美香 他（2017）『社会的養護における「家庭的」支援の検討──児童自立支援施設からの考察　2016 年度調査報告書』

滝川一廣（2017）「社会的養護と『家庭』」資生堂社会福祉事業財団『世界の児童と母性』Vol.82

東京都社会福祉協議会（東京ボランティア・市民活動センター）（2020）『アウトリーチ・

　　プロジェクト報告書　コロナ禍での児童養護施設の退所生へのアフターケア』

野田正人・梅山佐和（2014）「児童自立支援事業とは」相澤仁・野田正人『施設における
　　子どもの非行臨床』明石書店

終章
家庭的支援をめぐって

野田正人・相澤 仁・岩田美香・板倉香子

岩田美香：本日は、編集担当の４人でこの研究を振り返ってみたいと思います。この研究のスタートは「社会的養育ビジョン」が出される前だったのですが、この場では様々な動向も交えて、自由に意見を出してください。最初に研究全体についての感想や意見を伺い、その後、調査結果から出てきた要因を中心に意見交換を行いたいと思います。どうぞよろしくお願いします。

1．本研究についての感想や意見

野田正人：結果的に、研究の途中で社会的養育ビジョンというものが出てきて、それとの対比として、政策的にも非常に意味のあるというか、重要なテーマになったと思う。私の専門との関係で言うと、家庭裁判所の非行少年の扱いが、14歳、15歳くらいの子どもの場合に、昨今の動きだと第１選択が少年院というケースが多いが、少年院と対比する意味で、もう少し育ち残しというか……つまり、本人の矯正教育のプログラムよりももっと手前のところで何か育ち残しがあるようなタイプの場合に、ある種、無頓着に家庭的機能を有するというようなことを冠に置いて、児童自立支援施設を選択しているよ

うに思える。

　ただ実際には、児童自立支援施設の中にも完全交替制で、「どこが家庭的なの？」と言いたくなるような施設もあるのだけど、とにかく「家庭的」というキーワード。そこは誰も深掘りせずに、十分把握しないままに、少年院と対比して児童自立支援施設は家庭的なのだとしていた。神話なのかもしれないけれども。一方、確かに実践の中で、「こういうのは家庭的かな」と思えるようなものはあるけれども、それがまとまっていなかった。この間、研究していく中で、どの部分を捉えたかということはともかくとして、後で出てくる日常性・非日常性のようなところとの関係で、「こういう部分を有しているからこそ、家庭的だよね」と言えそうな部分が幾つか見えてきたということが、この研究の意義のようなものと感じています。

相澤　仁：子どもに聞いた意識調査と、職員に聞いた意識調査をきちんと対比させながら、それを分析して家庭的という要素について検討できたことは、大きな一つの成果かなと思いますし、それぞれの研究者が検討していますが、その内容はある意味で一致するような面が非常に多くて、「家庭的っていうのは、こういったことを考えてもいいのかな」という共通認識が得られるような研究でもあったかなと、個人的には思いました。

板倉香子：個人的には、家庭的支援という、家庭的な環境を子どもたちに提供していくと言われたときに、夫婦制の職員の方と交替制の方の所で家庭らしさを出す元々のアプローチが違っていて、夫婦制職員の方の場合だと、そこがそもそも自分の家で、自分の家に子どもたちを迎え入れているという感覚の中で、家庭の延長線上にあるというところが一つある。一方で児童養護施設を含む多くの社会的養護の施設は、基本的に子どもたちの家が職員の職場であるという二重性があって、それをいかに家庭に近づけるのかというところで腐心

するという、二つアプローチが違うのだなということが印象に残っています。

　それから、子どもの受け止めというところも、こちらがいろいろと用意して声をかけたり、手をかけたりした部分は印象に残りやすいところなのですが、環境を整えるといったところは、後から分かってくる。今の子どもたちに聞いても印象に残っていないのだけど、恐らくは成長したあとのところで、「ああいう雰囲気だった、匂いだった」というようなところで残っていく部分があって、そこまでも考えて家庭的環境を整えていくということ。今の子どもたちの将来に向かっての支援や環境構成が「深いな」と思いました。

岩田：私は、この研究が長期にわたってしまったこともあって、その間、自分自身の考えが揺れる部分がありました。社会的養育ビジョンが出る前は、「児童自立支援施設の家庭的支援を考える」という、かなり狭い枠組みで支援を考えて、支援内容と子どもにとっての家庭的について考えていました。その後、社会的養育ビジョンという、もっと大きい枠組みで「家庭的」というものを考える機会を得て、家庭的であること自体の是非に悩みました。今では、制度・政策的なレベルでの家族的・家庭的支援を考えることと、支援の具体的内容について考えることとは、連続はしているけれども、あえて分けて考えることも必要なのではないかと思っています。

　里親養育は、より家庭的というか、まさに家庭でみるということなのですが、それが社会的養護全体における位置づけや夫婦制の児童自立支援施設との整合性、さらには社会的養護に繋がってはいない家族の子育ても含めて整理しようとすると、私には難しくなってしまう。子どもにとって、施設的ではなく家庭的支援が望ましいと思いながらも、それが家族（至上）主義的な考え方に繋がっていくことへの警戒感と抵抗があり、その落としどころが自分でも見つからず、結構、悩みながら分析してきました。

２．調査結果から出てきた要因について

岩田：ここからは、分析から出てきた内容について、ご意見をいただきたいと思います。一人ひとり個を大事にしていきましょうという支援の大切さと、一定のグループで子どもたちは生活していますので、グループダイナミクスを使っての支援の良さもあると思います。また、施設であるために一定のルールや規則がありますし、児童自立支援施設では、各章で「枠のある支援」が引用されているように、そこが特徴でもあります。それらをどのように考えていらっしゃるのか、様々な分析について何か感じているところがあれば、教えていただきたいと思います。

【児童自立支援施設における「三つの人間関係」――きょうだいとは異なる関係性】

相澤：では、私から。やはり一人ひとり背景が違うので、個別化は当たり前のことで、きちんとしたアセスメントに基づいて自立支援計画を立てて、そのプランニングに基づいて個々に応じた支援をしていくということが、とても大切だと思います。

　　　そのような中で、グループをいかに活用して個々のニーズにきちんと対応するかを考えながらサポートしていくことが極めて重要で、どの家庭の中にもきちんとした決まり事や約束事などはあるわけで、少なくとも子どもたちが健やかに成長・発達するための決まりなり、ルールなりを考えて実施していかなければいけない。ただし、固定化した決まりやルールにするのではなくて、子どものニーズに応じて変えられる、柔軟性のある内容であることが非常に大事で、一度決めたらそれを守らせなければいけなかったり、「それを守らないと、この施設ではだめだ」というような枠ではなくて、個々の子どもを支援・サポートするための決まりやルール、枠のある生活――

それが、極めて重要だと思いますね。

岩田：児童自立での「グループ」というものは、例えば個々の家族では、きょうだい数も減ってきていて、きょうだいのグループとも違うし、近所での子どもたちのグループとも違う。さらに学校での部活動のグループとも違う。子どもどうしのグループの育ちというものは、「一般の家庭で言うと、こんなのだよ」となぞらえられるものはありますか。

野田：一般家庭で、「グループ」というくくり方はしませんよね。きょうだいがいくら多くても。むしろその中にお兄ちゃんがいて、お姉ちゃんがいてという、出生順位か、性別による役割のような話になるから。ですから、本来はもう少し異年齢的な要素を考慮する必要もあるかと思います。小舎夫婦の児童自立支援施設では、かつてはその中でも非常に物事を経験年数も含めて分かっている児童がいて、そこに新しい、いわば弟のようなものが入ってきて、指導職員以上にお兄ちゃんからいろいろと教わったり、あるいは注意されたりという中で、そこに適応していくというプロセスはあったのかなと思うのですが。

相澤：児童自立は昔から、関係性において「三つの人間関係」という考え方を非常に大事にしていて、上・中・下という表現がいいか悪いかは別にして、頼る人がいる。お互いに頼り合う。そして、頼られるという、三つの人間関係を非常に大切にしてきました。それは、関係性に恵まれていなかったというか、基本的な信頼感などが形成されていない子どもたちが非常に多いので、関係性の枠をどのように作っていくかということが極めて重要で、枠という意味では関係性の枠。包み込まれているような、被包感のあるような枠ができる。それがまさに、板倉さんが先ほど言っていた雰囲気になったりしているわけですね。そういうものが非常に大切で、それが、ある意味では、家庭的という表現につながる一つかなと思います。

野田：児童自立支援施設では施設目的としての自立支援の前提として、「非行をなし、なすおそれや、生活指導が必要」なのだということが載っているので、いわゆる家庭的という時に「当たり前の生活」という言い方がされますが、児童自立支援施設は当たり前の生活だけをしていていいのかという点があります。それから、指導支援のモデルで考えたときに、当たり前の生活を豊かにさせたら問題解決というか、自立支援が達成できるタイプと、そうではなくて、もっと踏み込んで、例えばトラウマの問題や、あるいは規範の認知の問題などを扱えなければいけない場合もある。法律的にはそこにジレンマがあって。そうすると、ここで言っている関係性や、あるいは生活をどうするのか……。

　枠があると言うと、取る人によっては、おりに閉じ込めるようなイメージをもつかもしれない、決してそうではないのだけれど……。ただ、枠のある生活とわざわざ言わなければいけない状況が、当たり前の家庭的、家庭というイメージと違うのかもしれないという論点は残る。これも人によっても取り方は違うと思うのですが、私の中では、その子の何らかの行動変容が使命として求められているように思う。そうすると、一人ひとりをどのように捉えるか、そのためのアセスメントや、あるいは先ほどのグループダイナミクスのようなことに期待される機能も、必要になるという点で、ちょっと違ってくるのかもしれない。

　そこの部分を、もう少し他の政策などと照らし返すときには意識しておかないといけないのではないか。児童自立の中の家庭的ということは、ひょっとして別の期待もあるし、別の機能も負っているのだということは、意識しておく必要があると思います。

相澤：要するに、在宅では難しいということですね。ある意味では、病気で言えば入院が必要な状況になってしまって、通院ではとても対応できないような状況になってしまっている子どもなのだと。そこで、

病院なら病院で、健康を取り戻すためには一定のルールや決まりごとのようなものがあって、それに基づいてきちんと治療なりを受けていくことが必要なわけです。それが、個々の子どもに応じた自立支援計画に基づいてサポートを受ける。

　そのサポートの内容は、今、野田先生が言ったように、日常の生活を送りながら、心の体力というか、生きる体力をきちんとつけ、しかし、治療しなければいけないようなトラウマの問題などにきちんと焦点を当てて、そこに支援やケアをしていくことが必要です。それが治療的と言われるところだし、自立支援の中に含まれています。そういう意味で、「当たり前の生活」という生活の中に、家庭的という要素は非常に重要な要素として入り込んでいるということですね。

【児童自立支援施設に入所する子どもの変化と施設の変化】

野田：今の話は、例えとして、特に入院の話は分かりやすい。ただ、そのときに、不適切な環境や特性との絡みで、本人の課題が大きくなってしまっているから、その子をしっかりと支えて、あるいは治療的に関わっていこうという場合と、一般家庭で、家庭機能がそれなりであれば、そこまでゆがまなかったのだけど、家庭がぐちゃぐちゃなので、ある程度落ち着いた生活というか、治療的に関わらなくても家庭機能を補完できるようなレベルの支援をしておけば、この子は自然に回復していくというようなモデルとは、ちょっと違うのかなと思うのですね。

　児童自立に入っている子どもたちの特性は、目に見えて大変だったり、薬を必要とするような子どもが増えていたり、何か診断名がつくような子どもの割合が増えており、広い意味での治療的な関わりが必要な子どもが増えているように思う。元々、児童自立支援施設が、そのような機能を積極的に持っていたのか……。それよりも、

そこが分からないからこの研究なのだけど、原家族よりも、しっかりした家族機能のようなものを発揮できて、子どもを当たり前の生活に基づいてしっかり育てられる結果、子どもが立ち直り自立できていくのだという、そのあたりのモデルの分かれがあるような気がします。

岩田：本書の分析には入っていなかったのですが、パイロット調査的に、退職された元寮長・寮母さんにヒアリングをする機会がありました。そこでは、「自分たちのときは子どものことをしっかり愛情を持って育てればいいけれども、最近の発達に課題がある子どもたちや、より治療的な点は自分たちの力量では難しいかな」という語りがあったことは、野田先生の言う前者の子どもたちが増えているということを語られていたのかもしれません。

【子どもに焦点を当てた「当たり前の生活」】

相澤：普通の生活を子ども自身が当たり前に生活できるようになるためには、ただ単に生活を送らせればできるわけではなくて、その子どもの特性や課題などに配慮しながら、どのように子ども自身が自分をサポートしていったらいいのか。子ども自身が自分に気づきながらコントロールできるように、自己肯定感を育んだり、関係性を構築していったりということをしながら暮らしていく生活が重要です。例えばトラウマなどの問題を抱えている子どもでも、当たり前の生活をしようとすると、何かの拍子にトラウマの影響が出てきてしまって、当たり前の生活ができなくなってしまう。それはなぜなのか。その原因に対してきちんとアプローチして、トラウマという心の傷を治療していく。そのことによって、当たり前の生活が送れるようになる。

　「当たり前の生活」といったときに、職員が考えた当たり前の生活を送らせるのではなくて、子ども自身がどのように当たり前の生

活を送るのかというところに焦点を当てた生活を考えていくことが重要で、そこに大きな違いがあるということを認識する必要があると思います。

岩田：「家庭的」を目指したとしても、それは施設や支援としての家庭的なものなのですね。一般のお父さんやお母さんは、自分の子どもが心理的なケアが必要であったとしても、親自身が心理的・科学的に考えて子育てをしている人は少ないと思いますし、親が治療者になることが、時に子育てとしては弊害となることもあり得ます。施設では、相澤先生がおっしゃったようなことをきちんと考えて、子ども自身が考える当たり前の生活を構築していく。そこに、もちろんアセスメントも必要だし、専門性があり、それも含めた家庭的ということですね。

相澤：そうですね。例えば、発達特性を有した子どもがいる家庭の中だって、その発達特性に応じて、どのように生活していけばその子はその子らしく生活できるかということは、一般の家庭でも考えるわけです。それが大切なことで。ただ、そういうことを考えてもらうような状況にない子どもたち——要するに、家庭がそういうことをするだけの機能を持ちえていない中で育ってきた子どもたちなので、代替養育の中でそれを行いながら、健やかに成長・発達をしてもらうように、子どもたちと寝食を共にしながらそのような方向を目指していくことが大切なのだと考えるのが良いのではありませんか。

　　　その時の生活の在り方として、より家庭的になっているということが大事で、特定の人との人間関係を連続的に形成していく。それによって、不信感の強かった子どもたちが、信頼感を形成するまでに至るかどうかは分かりませんが、少なくとも不信感を軽減するようになっていくことが大事だと思います。「いざ」というときに、「自分から頼っていいのだ」というような人間関係を、本来ならば職員や里親さんといったような方と構築できると、より望ましいと

思いますね。

【仲間との共同作業——グループダイナミクスと子どもの育ち】

野田：全く違う切り口なのだけど、グループダイナミクスかどうかは別と
　　　して、児童自立が目指すものとして考えたときに、社会適応できる
　　　という自立の意味は、少なくともわが道を行くだけではなくて、自
　　　分の持っている力を再度振り返りつつ、周りの仲間とある程度、共
　　　同作業ができたり、トラブルを起こさない、あるいは、もう少し広
　　　い意味での社会的ルールが守れるようになる力を、当然つけなけれ
　　　ばいけないと児童自立支援施設は考える。

　　　　一方で、国立の場合は別なのだけど、各自治体などの児童自立の
　　　悩ましさは、自立の達成にかかわらず、中学校卒業時で退所させて
　　　しまうということが元々問題だったのだけど、その後学校が導入さ
　　　れ、結局は高校に進学させてしまう。そのあとも、さほど時間を置
　　　かずに高校をエスケープしてしまって、結果的には自立とは真反対
　　　の方向にという現状が、かなりの数あると思うのですね。そのとき
　　　に、学力と進路の問題はともかくとしても、いろいろな場面に適応
　　　できる力のような、昔で言えば教護達成のような感じで、その力を
　　　どのようにつけていくか。あるいは、そのゴール設定を、どのよう
　　　にするのかが課題となる。

　　　　そのために、先ほどのグループダイナミクスのような、グループ
　　　の中で自分なりの立ち位置を見つけ出したり、調整していく力のよ
　　　うなもの。一足飛びに社会へということに行かないのであれば、ま
　　　ずは自分の身近な人間関係の中で修正していく力のようなことも、
　　　求められると思います。できる・できないはともかくとして。その
　　　あたりにどのような力を発揮するのかといったときに、ここで言う
　　　「個を大事にする」ということももちろん大事だし、グループダイ
　　　ナミクスというものもあるのだけど、本人の側から見たときに何の

力を求められているのかを明らかにしたいと思います。

岩田：確かに一般家庭におけるきょうだい関係なとは異なる関係性が、施設での寮やグループでの子どもたち同士にはあると思います。また施設における活動、つまり朝に施設みんなでマラソンをしたり、太鼓などの活動をするという、日常のケアとも、学校とも違う、こうした集団を使って育っていくという活動は、一般の家族における育ちの場合には見られない育ちの過程だと思います。

　その活動が子どもに育ちとして大きく機能しているとしたら、それが家庭的支援になるのかどうかの評価は別としても、児童自立支援施設での集団を使っての支援は大切なものと評価できると思います。反対に、家族が小さくなっている現代においては、集団を使って子どもを育てていく活動を地域において展開した方が良いのかなとも考えますが、その地域も、町内会活動をはじめ、それほど活発ではないですし……。

　集団やグループによる育ちと、より小さいユニットでの家庭的での育ち、あれかこれかといった二者択一ではないですが……。

【移行期のケアと社会的居場所】

相澤：私は、野田先生の言われた課題から言うと、移行期のケアをどのようにきちんと考えていくかということを、前から国の検討会などでずっと言ってきて、ようやく汽水域（中間支援）のサポートが充実されようとしています。今までの制度は、海水域（代替養育）から淡水域（在宅支援）にぽんと放り投げられるようなものだったわけです。そうすると、汽水域の経験なくして放り出されるから、野田先生が言ったように、高校には行ったものの、すぐに適応できずにエスケープしてしまう。そのような問題は、起こるべくして起こらせてきたという、社会システムがそのような状況になってしまっていたという、これは大きな一つの課題だと思っています。

私はいつも言うのですが、二つの居場所があって、個人的な居場所としての家庭と、社会的居場所の学校や職場。学校という居場所、もしくは職場に適応するために、施設から通学・通勤して、しっかり適応したと。クラブなどにも入って、十分に続けられるということになれば、今度はそこから家庭復帰に向けた移行をきちんとするというような、子どもに優しい、子どもの力量に応じたプランニングをきちんと立ててサポートしてあげることが、非常に重要だと思うのです。それもせずに、「頑張ってください」と児童自立に1年ぐらいいて、もう高校にも行ってしまったし、「あとはあなたの問題です」と海水域から淡水域にぽんと投げられたら、普通のお魚であれば死んでしまうわけですね。そういうことをしないためのシステムを、支援をどのように構築していくかが、非常に重要だということが一点です。

　それから、岩田さんの話については、グループでの活動に、社会的居場所の中でどのように自分が溶け込んでいくかという、家庭的なものとまた違うものですよね。社会的居場所の中に入っていくためには、スポーツでもいいし、太鼓でもいいし、レクリエーションでもいいし、まさに今、別立てで研究していますが、遊びなどを通じて、社会性をきちんと養っていく。その中で達成感を味わって、まさにセルフ・エスティームのようなものを高めていく、自己肯定感を高めるといったことにつなげていくことが大事だと思っています。個人的居場所である家庭と、社会的居場所である学校や職場、さらに適応するためには第3の居場所が必要だと思っているのです。

　つまり、自分が娯楽をしたり、息抜きをしたり、楽しんだりできる居場所を子どもたちが持つことが、職場でストレスがたまる、家庭でストレスがたまったときに、そこに行くと慰安される、ストレスを解消できる、そのような居場所を持ってもらう。そのためには、趣味を身につけたり、太鼓などの活動をして「これは自分に合って

いるな」と思えば、社会に出たあとでも、第3の居場所での活動につなげる。そのような移行期のケアも、メニューの中に今後はきちんと入れてほしい。三つの居場所がきちんと確保できることによって、子どもの、野田先生が言う社会適応力のようなものは、アップするだろうと考えています。

【地域で育つ——第3の居場所】

野田：第3の居場所論は、児童館や、あるいはユースワークの中などでも最近、議論に出ていて、チャレンジを考えているようですね。

板倉：第3の居場所は、家庭や学校とは違う顔が見せられる場所。できればリアルな居場所があって、そこに行くと何も気を遣わなくても趣味の話で盛り上がれたり、「よく来たね」と言ってくれたりする。そういう場所が子どもの逃げ道であり、子どもが子どもを自分で支える場所になるのだろうなと。

ひところからはやっている「こども食堂」などは、子どもに食事を提供するだけではなくて、実はご飯を通じてみんなと会える場所で、自分を受け入れてくれる場所。それが地域にあることが大事で、バスに乗って、電車に乗って、一生懸命遠くまで行かないと手に入らない場所ではなくて、自分が住んでいる、自分が歩いて行ける場所に、親でもなく、先生でもなく、評価されずに自分を見てもらえる場所があるということは、子どもにとって非常に大事なことなのかなと思います。

長じて大人になったときに、大人として、社会人として、地域人として生きていくときにも、どこかしら人とつながらないと人は生きていけないと思うので、線は細くても1本でもいいのですが、「自分にはそこがある」という所を小さい頃から作っていくことも、大事な生きる力なのではないかと思うところです。

野田：そのあたりで言うと、家庭的養育というものを考えようといったと

きに、サードプレイスも含めて、外側に、そこをどのように支えて
くれるものがあるのか。あるいは、児童自立支援施設の場合には、
そこの空間も学校が取り出してしまっているというところもあるか
もしれませんが、先ほどのマラソンや太鼓なども意味をもつ。伝統
的には野球とバレーボールは必須という感じでずっと続いてきたけ
れども、その外側に何があるかという視点も、もう一つ大事なのだ
ろうと思います。

　一方で、今、相澤さんが言われたことはよく分かる話で、システ
ムとしてはそうなのだけど、海水と汽水と淡水で仮に分けるのであ
れば、ちょっと頑張ればサケやアユのようなものは割となじみやす
いのだけど、深海魚は、どれだけ頑張っても淡水には行かないわけ
ですね。そういう意味では、今の子を深海魚になぞらえるわけでは
ないのだけど、そこのハードルがかなり高い子どもたちがいたとき
に、システムの問題だけではなくて、家庭的養育の範疇かどうかも
あるけれど、そのシステムの中でしっかり力をつけていこうと考え
る必要があるのか、あるいは考えることができるのか、そういうも
のは無視していいのかということは、結構大きなことのように思っ
ているのです。

　ただ、そればかりに着目すると、家庭的というよりは病院的にな
る。幾つかの児童自立支援施設に関わっていると、本質的にはそこ
で悩んでいるようなところもあるし、そのようなニーズの大きな人
を想定すると、昔の小舎夫婦と今の小舎夫婦のような違いにもなっ
てしまうのかもしれないけれども、そこは、児童自立にとってはか
なり大きなテーマのように思います。

【地域共生社会と子どもを支えるネットワーク】
相澤：だからこそ今、地域共生と言われているではありませんか。地域共
　　生は、多様性をどのように作っていけるかということで、子どもだ

ろうが、障害者だろうが、高齢者だろうが、それが地域の中で生活できるような多様性を尊重したコミュニティをどのように作ろうかということですね。そういう意味のコミュニティづくりは非常に大事ですね。

　昔であれば、なかなか社会適応ができにくいような人たちであっても、今はインクルーシブに地域の中で生活ができるような状況を作っていくかということも考えていかなければいけないわけで…専門家が、それらをどのように結びつけて、プランやサポートを組み立てていくか。これは大事なことですね。

板倉：児童自立支援施設などで、家庭環境が難しかった子について、家庭を健全化するとか、家庭の力を向上させたり、あるいは、地域で受け入れてもらえるような居場所的なものを作っていくようなアプローチを、施設側から行ったりすることはあるのですか。

相澤：家庭環境調整は、一応、施設の役割でもあるのです。ただ、施設だけでできるかというと、できないので、児童相談所や市町村などの関係機関と、それこそ要対協のようなネットワークで、チームでサポートしていくことが大事ですね。

　ですから、マルチでいかにネットワークを組んで、システマティックにサポートしていくかということが、非常に重要だと思います。その中には、家庭もあれば、受け入れる側の学校もあれば、地域のコミュニティもあれば、どのようにシステマティックに受け入れ体制を作っているのかということは考えていかなければいけない。児童自立の場合は、施設もそれにもちろん参画しますが、そのようなマネジメントは、基本的には児童相談所がやっていくことになるのだと思います。

野田：歴史的、制度的には、ずっと児相ということにはなっているけれども、虐待で手いっぱいということもあって、子どもが入ったあとの出るところまでのフォローアップが現実にはできていない。「要対

協につなぎなさい」となっているけれども、それもお寒くて。施設の方は、いわゆるファミリーソーシャルワーカーの役割だけれど、小舎夫婦型の場合は寮長がみんな知っているし、ある意味で家長的に現場との間もつないでくれているので、小舎夫婦で長くやっている所は寮長さんが一番情報を持っていて、現場とつなぐということは、システムの話より実質の話において有利な気はするのですね。

　交替制がこれだけ増えてくると、子どもが何かあって振り向いたときには、知ってる職員さんもいないという状況が起こっていて、中学校も原籍校に返し、高校に行ったらもう切れているという意味では、大きな課題ですね。児童自立の今日的課題としては。ただ、考え方としては、施設もアフターケアしなさいということになっているし、ファミリーソーシャルワーカーを置いているし、「児相もやれ」と言うけれども、そこは残念な状況です。入れた職員さんと、フォローアップする職員さんが違っているということが普通に生じており、人間関係もそもそもないですし。

【地域で育つことと児童自立支援施設でのケア】

板倉：家庭的支援というと、今回の調査もそうですが、中の子どもに対するダイレクトなケアとして、家庭的要素や家庭的雰囲気、タッチングして手を当てていくといったことがメインで、施設の中をどのように当たり前の生活にしていくかということが、児童養護でも乳児院でも言われているわけですが、突き詰めて考えると、家庭があるのは地域の中なのですよね。家庭的な当たり前の普通の生活は地域の中で行われていて、隣近所とのつきあいがあったり、学校で嫌な思いをしても隣の犬に癒されて帰ってくるようなところに、当たり前の生活はある。一方で児童自立の場合は、児童養護と違って入所期間が短いのですね。そこがちょっと組み立てが違うのかなと思って聞いていました。

相澤：本来は地域で子どもたちは育つべきで、地域の中に育つような状況が
　　　できたら、できるだけ短期で、そこに入っていく。それは、非常に
　　　大事だと思います。児童自立で長くずっと生活するべきではないと
　　　思うし、できるだけ子どもたちが生活しやすい状況が整い、子ども
　　　の生活する力がついてきたならば、できるだけコミュニティの中で。
　　　ですから、地域の中で育つということで、地域分散化などが言われ
　　　ているわけでしょう。

野田：支援の一貫性にも重なってくるのだけど、今の話は非常に悩ましく
　　　て、児童自立支援施設が、単なる家の集合体というより、そこ自体
　　　も一種の地域というかコミュニティを作っている。相互に分かり合
　　　った関係で、そこに学校もあるし。
　　　　今のように、各都道府県で児童自立支援施設に10人、20人程度の
　　　入所ということになると、地域では完全にその家庭も本人も浮いて
　　　いるというか、コミュニティに受け入れられなくなった極致になっ
　　　て施設に来ているような状況が、現実にはあるのですね。その子に
　　　ついて施設内でしっかり何を獲得させるかといったときに、施設の
　　　入所期間が短くていいのか……。もっとしっかりと育て直すという
　　　ことも必要なのではないか。まして小舎夫婦であれば、本当にそこ
　　　で育ったというくらいの、パーマネンシーのようなことも担保する。
　　　そのうえでいろいろな仕掛けを作って、ゆるゆると出していくとい
　　　うか、フォローアップしなければいけないタイプの子の方が多いよ
　　　うな気もしていてね。逆に入所期間がどんどん短縮化しているとい
　　　う状況が、かえって施設にとっても達成感がないし、子ども自身も、
　　　育ち切れているのだろうかと思うようなケースとも出合うので。
　　　　一方で、相澤先生が言われたような、地域と切れずに、なるべく
　　　早くそこを太くという、このあたりも、究極はアセスメントに戻る
　　　のかもしれないというか、どのような入れ方と、何を達成し、どの
　　　ような出し方をしていくのか。

相澤：まさにゼロイチではなくしてほしいのだよね。施設か、地域ではな
　　　くて、先ほど言った汽水域として、施設で生活しながらも地域とつ
　　　ながっていくようなことが非常に大切で、そういうことをすると他
　　　の子に影響してしまうから、なかなかできないということがあった
　　　わけです。病院全体が、ぎくしゃくしてしまうからと。そうだとす
　　　れば、ゾーンで、国立施設などでも自立支援寮のようなものを作っ
　　　て、そこから通ってもらうなどの対応をしました。子どものニーズ
　　　に合わせた高機能化、多機能化を図っていくことが、これからは必
　　　要です。

　　　　そのためには、施設の機能に子どもを乗せてきてしまっていたか
　　　ら、子どものニーズに合わせて施設がどのように変わっていくか。
　　　多機能化していくか、高機能化していくか。それが今、求められて
　　　いることだから、野田先生が言ったようなことをしていくためには、
　　　ゼロイチではない、スペクトラムのような連続した機能を整えてい
　　　くことが大事だよね。

【児童自立支援施設の高機能化・多機能化と家庭的支援】

野田：先ほどから言う個別性への配慮のしかたなどは、小舎夫婦に代表さ
　　　れる家庭的ということを強調した施設の方が、小回りは利きやすい
　　　気はするのだけど、一方でシステム全体に働きかけるような話にな
　　　ると、そこのご夫婦に代表される構成メンバーなどの限界があって、
　　　高機能化・多機能化ということになると、家庭的なものとある種、
　　　矛盾のようにも感じるところがあるのだけど、そこはいかがですか。

相澤：私は社会的養育専門委員会で、これからの小舎夫婦というか、家庭
　　　的な一つの形態として、夫婦プラス心理療法担当職員とファミリー
　　　ソーシャルワーカーを配置する。基盤的な生活は、夫婦のケアワー
　　　カーが中心になる。心理でもファミリーソーシャルワーカーでも、
　　　はっきり言えば、ケアワーカーの資格は持っているわけですね。で

すから、ケアワーカーとしても勤務することが可能で、子どもの心理的な状態を把握するときには、心理がつかめるわけです。一緒に生活してしまうと、その子の心理をきちんと治療できるかというと、関係性ができてしまうからできないとすれば、隣の寮の子の治療をして、自分の寮の子はケアワーカーとして支援するなど、創意工夫したやりようを考えていくことが必要なのではないか。

　ニーズとしては、トラウマへのサポートや家庭環境調整など、今は寮長が主にやっていると野田先生が言っていたけれども、それではなかなか難しいので、ファミリーソーシャルワーカーをやる人員や、子どものトラウマにきちんと焦点を当てて心理的ケアをするような職員を配置して、それがチームになって、生活の家庭的な、基盤的な生活は、夫婦がきちんとやる。里親さんやファミリーホームのような所に心理やファミリーソーシャルワーカーをつけたものを、養護施設などにも入れて、小規模化・地域分散化して、高機能化・多機能化していけばいいのではないかという考えを、自分の中にはもっています。

野田：児童自立にも一応、ファミリーソーシャルワーカーと心理担当は最近置かれるようにはなっているのだけど。その人たちがどのような機能をするかということと、一方で家庭的な機能は、それでもしっかりと核としてあるのだとする。一人ひとりの子どもがマズローの段階のようになって、「ここは寮長・寮母がしっかりやるんで、ここの課題は、こっちがやってよ」というような。

相澤：例えばトラウマのアプローチでも、修正的アプローチは、ケアワーカーが生活をきちんと担っていく。けれど回復的アプローチで、トラウマそのものに対する心理的ケアはケアワーカーでは無理なので、心理療法担当職員がやる。両方のアプローチがあって初めて有効に機能するわけだから、そういうことを自立支援計画にプランニングしていくことが大事で、今までは、回復的アプローチというかトラ

ウマに対して、ほとんど焦点が当てられてこられなかったわけです。そのために、子どもたちがいい生活を施設の中でしていても、外に出たときにフラッシュバックによるパニック行動などを起こして再入所してくるということもあったわけです。

そういう意味での個々のニーズに応じた対応をしていく。その修正的なアプローチとしての家庭的な機能は非常に大切な機能の一つだから、法律改正で家庭と同様の養育環境や家庭的環境でということが言われたのだと思いますし、法改正が行われたのだと思います。

【子どもの権利条約と家庭的な生活】

相澤：板倉さんの論文の中に、児童自立支援施設の指針のところを引用して「まとめに代えて」の家庭的支援で、「子どもの発達段階、個別性などに応じて衣食住を保障し、施設全体が愛情と理解のある雰囲気に包まれ、子どもが『愛された』という実感を持てる家庭的・福祉的アプローチによって、子どもの基本的信頼関係性、社会性の発達など、育ち、育て直しを行っていく」と書いたでしょう。

板倉：はい。

相澤：「愛情と理解のある雰囲気に包まれ」という、子どもの権利条約の前文の中にも、同じような文言が書かれていたと思っていて…。施設にいようが、いまいが、どこで生活していようが、そのような環境はきちんと提供していくということを意識していたのですね。私も、できるだけ一般的な家庭生活に近づけるような生活を、児童自立支援施設の中でもしていくことが大切だと思っていて、それによって地域社会とのギャップが縮まっていくので。このギャップが激しければ激しいほど、子どもたちに適応のリスクを背負わせることになるので、できるだけハードルを下げるようなことを意識して家庭的な生活を考えていこうということは、個人的にはずっと考えていました。自分が施設長の時は、そういうことをよく職員に言って

いました。子どもの権利条約の前文に書かれていますよね。

野田：「調和のとれた発達のため、家庭環境の下で幸福、愛情及び理解の
　　　ある雰囲気の中で成長すべきであることを認め」。

相澤：そこを、ずっと意識していました。

【ジェンダーバイアスと児童自立支援施設におけるケア】

岩田：次に、子どもたちのへ個別の誕生会を開くなどの非日常的な支援と、
　　　日常のルーティンとしてのケアの支援、また、そこにはジェンダー
　　　バイアスもあったということも踏まえて、感想やご意見を伺いたい
　　　と思います。

　　　　このジェンダーバイアスについての分析を栗田先生と行いました。
　　　そこに、家族社会学からの疑義もあり悩みましたが、家族主義的・
　　　家父長的なものを否定することと、家族を否定するということは別
　　　なのだろうと考えています。児童自立につながる子どもたちに、お
　　　父さんもお母さんも平等な関係で、子どもを真ん中に置いた支援と
　　　いうのは、施設の職員が実践する際にも、かえってお父さん的なも
　　　の、お母さん的なものを使う方が支援しやすいところはあるのかな
　　　と思います。自分自身も分析しながら揺れ動いて、最後に、このあ
　　　たりに落ち着いたという感じなのです。

相澤：岩田先生たちの分析を読むと、女性の方が、家庭的ケアとして具体
　　　的に支援する内容に対する重要度は、パーセントが高いね、みんな。

岩田：そうですね。特に男子寮、男の子に対してですね。針を持ってボタ
　　　ン付けをするのは女性のイメージがあるためか、男子児童に対して
　　　は「やってあげる」となるのでしょう。

野田：元々「教護」「教母」という呼び方をしていて、教護と寮長という
　　　社会的役割があって、施設によっては、寮母さんのことを「奥さ
　　　ん」と呼ばせている施設があったりする。児童自立支援施設が、遡
　　　れば明治期からある日本の家族形態、まさに家庭的保育としてとい

うか、その時代の家庭・家族というものをスライドさせながら、意義あるものとしてずっとやってきたということなのだから、当然、社会が変化すれば、例えばジェンダーバイアスも含めての批判のようなことがあれば、施設も批判の対象となりうる。私は家裁にいましたが、家裁は戦後の両性の平等をどのように構築するかということが当初からの使命のひとつですが、それも第2次世界大戦以降の話で、感化法の時代はそれとは真逆な、社会の方がもっとジェンダー役割の意識は強固だったわけですから。

　そのような背景の中から見ると、やはり世につれ、変わるべきところは変わってきたのかもしれないですね。非日常性ということは後で議論できたらと思うのですが、ジェンダーバイアスも、どちらかといえば個別の家の中から出てきた言葉というよりは、社会的な文脈で生成されてきているでしょう。ジェンダーバイアスを叫んでいる人たちが、自分の家庭の中では、ジェンダーは横に置いておいても、役割分担はどのように考えているのかといったときの課題というものは残るのでしょうね。そういう意味で、メゾ・マクロな話と、個別のミクロ的な意味での家族一つひとつの中での役割というものは、きれいにすみ分けられないというか、ずっと変化していくものだろうと思うのですね。そのような途上にある状況の中で、一つの形態として、しかも、社会システムとしての寮という側面がある。ここにおける批判は、そもそも今の社会と社会の家族のありように対して向けられている話なのか、個別の何々園の何々寮に対しての話なのかというあたりは、丁寧に分けて議論しないと。

岩田：そうですね。

野田：社会的文脈はそうなのだけど、一方で子どもが育つ上で、自分のセクシャルアイデンティティーなども含めて、ジェンダーまで飛ぶ前の、もっと手前の育つプロセスの中でどのように考えるのかは、少しレベルが違う気がするのですね。

いずれにしても、お父さん役割、お母さん役割のようなことを意
識化させることで、自分の現家族との照らし合わせのようなことを、
児童自立の中ではしてきた歴史があるので、単純にバイアスがある
からだめなのだ、いいのだという話ではないように思います。むし
ろ、そのような機能をどのように使っていくのかなど、そのやり方
に問題があるのであれば、どこに問題があるのか、変えて何ができ
るのかということを考えていかないと。

【子どもの性別とケア】

岩田：調査で注目したのは、やはりケア支援についてです。もちろん全体
　　　としては、8割、9割行われているけれども、男女差で見ていくと、
　　　男子の方がケアを受ける支援は高くなっている。反対から言えば、
　　　女子ではより少ない。

　　　　そこに関連するかどうかはわかりませんが、女子は驚くほど自尊
　　　感情が低い。そうした女子への支援としては、愛情表現や個別のア
　　　ルバム、そして年間行事が男子児童よりもされています。

　　　　男子の場合は単に「やってもらう」だけのケア支援に対して、女
　　　子の場合、特に行事などは、ちょっと穿った見方になるかもしれな
　　　いけれど、「この子が喜ぶから」ということだけではなく、将来ケア
　　　を提供する女性として「きちんと覚えてもらわなければ……」とい
　　　う意味合いもあるもかもしれない……。けれども、女の子たちの
　　　自尊感情の低さを考慮すると、甘えるだけのケア支援はもっと必要
　　　であるし、彼女たちも受けたいだろうと思われます。

野田：自立支援との関係で、どのような力をつけていくのか。力をつける
　　　前に、そういうことをしてもらった経験を豊かに経験させるのかと
　　　いうことは、どちらも大事だと思うのだけど。ただ、「家庭的」と
　　　いう中には、どちらからどちらかへだけではなくて、支え、支えら
　　　れる経験が豊かかどうかということが、究極の勝負のようにも思い

ます。どれだけかわいがられたかというより、反作用のように親を思いやる、きょうだいの面倒を見るなどのような機能も大事だと思うし、先ほどの上・中・下の考え方には、それも含まれているように思うのです。

そういう意味では、食作りということも、教護院の時代から、重要な自立の一つの手段として教えていた。

岩田：その点は、あまり男女差は出ませんでしたので、そこは、歴史的に男の子にも女の子にも、職員も男性も女性もやってきたのでしょうね。

【子どもを職員の間に――小舎夫婦制の良さ】

相澤：「家庭的」といったときに、交替制と夫婦制の違いは、職員の間に子どもを入れられるかということが非常に大きくて、職員対子どもにならずに、私と子どもで寮母と向き合ったり、寮母と子どもで寮父である私と向き合うなど、「寮長」と言わないようにしているのですが、そういうことができやすいシステムですよ、小舎夫婦制は。交替制の場合だと、どうしても職員対子どもになって、「あの先生が、こう言ってたから」と、先生がこの職員とタッグを組んで向き合うかというと、それはなかなかできづらい。夫婦制の場合は、寮母が子どもとタッグを組んで、「今日は作業なしにした方がいいよね。疲れたよね」ということができる、そのような関係性を作れる。そのようなところは、やはり大きな違いだね。

例えば私の時も、国立施設から図書館にどのような服装で行くかというときに、「図書館だから、普段着でいいんじゃないのか」と言ったら、寮母は、「公的な場所に行くんだから、きちんとした服装で行かないとだめなんじゃないの」と、こういうやりとりを聞いているわけね。そうすると、子どもが、「やっぱり図書館に行くんだから、ちゃんとした格好で行きましょうよ、先生」と言うわけ。そして、途中で私のところに来て、「ああ言わないと寮母先生がね

…」と言ったんですよ。子どもはこういう調整をしてくれるわけ。

　こういうことができるのは、やはり家庭的というか、小舎夫婦制だね。これは、交替制だとなかなかできないよね、きっと。

板倉：できませんね。

相澤：そういう意味で、子どもを職員の間に入れる関係が、やはり家庭的と言える、私はそこも大きいと思っています。

【日常と非日常】

野田：同じ例えの違う切り口のようになるのだけど、非日常というか、どちらかというと「ハレとケ」のような感覚。「今日は旗日だから、きちんと礼服を着ましょう」というようなことはともかくとしても、一応の標準日課があっても、家の中で誰かが調子が悪かったり、疲れたりということを日課に反映させられる。

　私が学生時代に、ある小舎夫婦の施設に行った時、ちょうど大掃除の日と茶摘みが重なっていて、やたらと暑かったので、寮長以下、みんな外で天日干ししている畳の上に寝転がっているのですね。石の上に畳を敷いて、その上でみんな昼寝をしているのです。「今日は疲れたから」という感じで、「炎天下で1時間半やったから、それでいいよ」と、みんなが爆睡している。児童自立支援施設のイメージと全く違うお昼寝タイムだったので、「保育園じゃあるまいし」と思いつつも、思春期のやんちゃ系が、しかも施設は満杯に近いような時代ですから。隣の寮は、一所懸命、汗水垂らして野菜を植えていたりする。

　「非日常」とわざわざ言わずに、それも日常という感じの柔軟さというか、まさに家族構成員を見て適応させることができる。そこの中では、もちろん誰かの誕生日など、いろいろな意味でするのだけど、それは決して非日常ではなくて、まさに日常の中の振り幅として、そういうことまで気配りできることが強みだなと思いました。

職員が交替制で勤務していれば、きちんと月間計画を立てなければいけないし、極端なことを言えば、雨が降ろうが、やりが降ろうが、「この日の日課はこれです」となったら、そうなってしまう。そういう意味で、個別性ということもさることながら、その家全体がトータルで置かれていることについて、しっかりと誰かが目配りしつつ、確認しつつ、「今日はこうしよう」とやっていく。先ほどの「疲れたよね」というようなことも、交替制の職員の中で言う人がいたら難しいし、逆に誰かが計画に基づく正論を言うと、しかたがないけれども、みんなしぶしぶ従うというようなことがありそうに思うのです。

岩田：データでも出ていたかと思いますが、裁量は、絶対に夫婦制の方が多いですね。

野田：そのように考えたときに、社会学的な外から見た話ではなくて、非日常と日常というものをどのように考えるのかということも、この課題設定との関係では、ありそうな気はします。

相澤：非日常をどのように捉えるかだけど、行事は多いですね。

岩田：それは、やはり子どもたちの生活にめりはりをつけるということにもつながるのでしょうか。

相澤：変化があって、そのような経験を積んできたことのない子が非常に多いので、いろいろな経験を積んでほしいと思いますから。ですから、儀礼的な行事も運動もそうだし、運動は多いのですが、文化的なものをいろいろと取り入れて、やりますね。

野田：そうなると、ケ、ケ、ケ、ケ、ケ、ハレ、ハレ、ハレ、ハレという、これだけ日常的にハレがあると、非日常ではないのではないか。ハレまたハレという。

【日課の意義──リズミカルな生活】

岩田：日課は、やはり日課表がないと子どもたちを動かすのは大変なので

すか。

相澤：基本的に学校に行くので。学校教育が入ったから、平日は大体学校
　　　が終わってから寮に帰ってくるので、それ以降の日課だけど、それ
　　　ほど決めなくても動く感じはしますがね。

野田：よく言う「枠のある」の意味として、構造化することで助かる子が
　　　いるとすれば、ユニバーサルを意識して対応する必要がある。今で
　　　は普通の学校でもやることで、「今日はあれをやっておけ」という、
　　　「あれ」では分からない子は、かえって混乱するという。

相澤：やはり日課の意味というものは、リズミカルな生活を送ることが非
　　　常に大事で、緊張したら弛緩、活動したら休養というめりはりをつ
　　　けて生活することによって、健康な生活をする、規則正しい生活を
　　　する。生活リズムを身につけていくことが、大切なことだと。要す
　　　るに、ずっと寝ずに昼夜逆転しているような子どもなので、緊張し
　　　たら緩み、活動したら休憩するという中で生活する生活のしやすさ
　　　や心地よさのようなものを見つけていく。それから、体内リズムで
　　　はないけれども、そういうものを獲得していくことは、健康を維持
　　　するために非常に大事なことだと思います。

野田：頭では分かっているのだけど、実際の私の生活は何代にもわたって
　　　生活リズムのない家庭なので。起きたいときに起きて、私もむちゃ
　　　くちゃで、子どももむちゃくちゃだったし。

相澤：私は、リズムを獲得できる人は、応用が利くと思っているのです。
　　　不規則な生活を送っていても自分のバランスを維持・確保できるの
　　　は、そのようなリズム感が自分の中にあるから、「ちょっとしんど
　　　いな。これ以上やると健康を害するな」と思えば、不規則であって
　　　も寝たりするわけです。そのような健康を維持するリズム感が彼ら
　　　は身についていないと思うので、そういう意味でのリズム感は、身
　　　につけてほしい。ですから、応用だと思うのですね。野田先生が、
　　　生活が乱れていても健康でいられるのは。

岩田：以前に児童自立の職員の方が、「枠のある生活」について語った時に、非行になっていくプロセスは、どんどん枠を外していく。例えば、昼夜逆転し、スカートは丈を長くあるいは短くし、ピアスをし、金髪にするといったように。それを整えていくには逆に、まずは形からだけど、枠を設けて一つずつ戻していくことからやっていく、という話をしていて、「ああ、そうか」と納得しました。

野田：例えば、昔「心の乱れは、服装の乱れ」という思いから、かばんがぺっちゃんこな子がいると、先生がその心を放っておいて、かばんだけ中に新聞紙を突っ込んで幅を広くしてということが行われていた。結局、かばんが太くなったら、本人はもっと荒れたということなんですが。ですから、処遇観というか、援助観というか、いろいろな考え方がありそうですね。もちろん学校が始まって、何時までには行かなければいけないというようなことはあると思うけれども、先ほどの個別応用動作の範囲が、かなり今、圧縮されている。サードプレイスも作りにくいし。学校教育が入ったときに、それこそ学習指導要領をがちがちに守らねばという強力な、施設の特性を考えない仕組みとして入ってきて、幾つかの児童自立の重要なことが阻害されている印象はあるのです。

相澤：要するに、病院で言えば、誰であってもきちんと守らなくてはいけないというか、それをしなければ回復しないようなものがあるわけでしょう。その要素とは何なのかといったときに、生活の中で安心感や安全感、信頼感を形成するような、ベーシックなものを培って初めて、教育などの効果が出てくる。施設の中で関係者が、ケアワーカーもそうだし、施設の職員もそうだし、学校の教員もそうだし、そういうことを分かったうえで支援や教育が実施されているかということが大事です。

【児童自立支援施設の夫婦制と里親】

岩田：夫婦制が良いということは様々なデータで出ているにも関わらず、夫婦制は減っていますね。一方、里親さんになりたいという人は増えているのですね。

相澤：里親として、自分たちカップルで他の子を見るということを「良いよ」という人は増えています。それが児童自立支援施設という中の仕組みに入るとなると、待遇としてはこちらの方が両方とも公務員なので良いと思うのですが、現実には夫婦制をやる人は減っています。私から見ると、先ほどの２＋２のように、児童自立の場合は専門職の人も近くにいて、自分たちの寮でトラブルがあってもすぐにサポートしてくれて、里親のようなことをやるとしたら、組織として守られている方がいいのではないかと思うけれども、現実はそうではない。

野田：逆方向の話というか、夫婦制がなくなることになったし、ちょうど自分たちもいい年だから、金もたまったし、辞めて自立援助ホームにするというような人が何人かいて。

岩田：いますね。

野田：里親さんをやるという人は、家と地域も含めて、非常に安定している家庭ですよね。養子里親さんも含めて、自分の足元が固まっているから、初めて他の人を家に迎え入れるという感じだから、それを全て手放して、このような環境で「里親的な機能だけをうちのカップルでやります」というのは難しいでしょうね。

岩田：家庭的支援は、家庭の中だけのものではなくて、地域も含めたところで考えていくものなのですね。

野田：地域もそうなのだけど、自分の家の屋台骨が、どこまでそこの場所に埋まっているかというか、安定しているかというか。経済的なことも含めてね。なぜなら、里親さんは基本的に、自分の収入の道を持ってしまっているでしょう。ですから、それを切り離して、「こ

れから65歳ぐらいまで夫婦で子どもの面倒を見ます」というのは、私の中で今までつなげて考えたことがないので、「なるほどな」と、今、聞いて思っていたのだけど。

相澤：増えているとはいえ、あれだけ広報・啓発して、国が一所懸命やっても数パーセントだからね。

板倉：やはり啓発は大きいと思うし、啓発の中には、どのようにしたらなれるかというようなことも、今まではきちんと伝わっていなかったものを少しでも広めていこうと。

相澤：私は、民生・児童委員のように「法律で規定してしまえ」と言ったのだけど。

板倉：何人の人口に何人という感じですか。

相澤：相談・援助するような民生・児童委員と同じように、小学校区に2人ぐらい地域の中でいい人を里親さんに配置するように法律で規定すれば……。

野田：今、民生・児童委員も定数が埋まらない所がたくさんあって、悩んでいるくらい。

相澤：それは分かっているのだけど、だからこそ、逆にそのような縛りでもかけないと、なかなか見つからないというのが、私の個人的な考え方です。

【法人型の里親、ファミリーホームの可能性】

岩田：相澤先生が書いてくださった法人の里親さん。

野田：法人里親。

岩田：ええ。法人型ファミリーホームのような所のほうが、私も里親さんの立場に立つと、やりやすいですよね。法人のサポートもありますし。

相澤：そうだけど、法人の持ち出しが結構大きくなるね。法人型をやるのであれば、私は、ある程度経営ができるような予算措置をして、初めて拡充されていくだろうなと。今、法人型でファミリーホームを

やると、赤字だという人が結構……。

野田：そのような、小舎からなる施設もありますね。

相澤：そうだね。あのようなやり方の方が、いざというときに、いろいろ
とサポートを受けたり。

岩田：そうですね。

相澤：ですから、ある意味では小舎夫婦制なのです。あのようなものが増
えていくと、児童自立とは言わなくても、児童養護の代わりのよう
な、地域分散化・小規模化。家庭と同様の養育環境の中での養育の
ようなものには、なってきますね。

野田：今の児童自立支援施設だと、スティグマがあるから難しいのですが
どのような対象の子どもをしっかり入れるかというようなものでや
れれば、むしろ条件が一番いいのは、児童自立支援施設でしょう。

相澤：そうだね。

野田：そこで預かればいいという。昔の教護院の虚弱寮などは、必ずしも
非行深度が高いわけではない、むしろ被害的な子どもたちを入れる
ための寮を持っている所がありましたからね。

【小舎夫婦制の勤務──「仕事」としての難しさ】

相澤：勤務と、仕事なので休暇というものの考え方からすると、私は県立
施設にいたけれども、休暇もきちんと確保できて、仕事もできる。
そのようなバランスが取れないと、昔のように「休みは要りませ
ん」という感じで働く人はいませんね。やはり、小舎夫婦制のよう
なものを維持するためには、里親さんも今、里親フォスタリング機
関のようなものを整備しなくては難しいということと同じで、組織
からのしっかりしたサポートや休暇などが、きちんと保障されてい
ること。

昔は、24時間休みなく子どもと一緒に生活していればよかった
ような、何十年前はそれで認められていたようなところがありまし

たが、今は、先ほど言った個別化や子どものニーズに合わせて、きちんとしたプランニングに基づいたサポートや心理的ケア、生活の中の教育、生活の中の治療のようなことを、しっかりと考えながらやってくことが求められているので、専門性を非常に必要とされているわけですね。そういうことをしながら24時間子どもたちと向き合い続けるエネルギーは、結構大変だと思います。ですから、そのあたりをきちんと考えてシステムをつくって、職員の勤務体制や勤務条件、休暇の体制、サポートの体制などを考えていかないと、難しくなっていくのではないかと感じます。

【「社会的養育ビジョン」と施設の高機能化】

野田：原理原則に適応しない方がいいケースというか、原則どおりにいくことが実は子どもにとってリスクのあるケースも生じます。最低限のリスク・アセスメントとしてどのように見るのか、ニーズ・アセスメントとしてどのように考えるのか。それがないままにやると非常に危ないと思っています。同じように家庭養育原則のようなことをしたときに、これが最初の話に返るのだけど、児童自立支援施設が期待される機能との関係で、この社会的養育ビジョンはどのように読むのか。一連の話の中で相澤さんが言ってくれたように、生活だけではなくて、そこに治療教育的な機能をオンさせないと難しい側面を、この施設は持っているのかもしれない。ただ、養育ビジョンを素直に読むだけだと、その点はちょっと弱いとは思っているのですが、いかがですか。

相澤：そうですね。要するに高機能化ですね。社会的養育ビジョンは、専門的にケアが必要な子どもには、高機能化をしてサポートしていきましょうと。それも、できるだけ短い期間でサポートできるようにしていくことが大事だというのが、ビジョンの考え方だね。

野田：そのときに、そこのふるい分けというか、スクリーニングなのか、

アセスメントなのか分からないけれども、その機能の高度化をしっかりしておかないと。

【子どものニーズを中心に考える】

野田：ビジョンのどの部分を取り上げるかはいろいろとあると思うのだけど、里親型で難しいケースのカットオフ。他でも言われているように、諸外国における子どもが家庭と分離されている割合と日本との比較、その中で施設に入っている子どもたちの数の割合など、いろいろなことで考えると、日本では分離はそれほど多くありませんね。その中で里親が選ばれている点に注意する必要がある。諸外国との関係で言うと、他国であればとっくに分離されているようなケースも家庭に置いておかれているという、そうした問題もあると思うのだけど、逆に子どものニーズ・ベースで考えたときに、家庭から離されて強烈な試し行動を出すような子どもに対して、やはり里親さんでは無理だと思うのです。自分の原家族であれ、どこであれ、お手上げで、施設からも放り出されているような子が、里親に行くのかというと課題も大きい。

　どのような子であれば基本原則に乗せていいのか。家に帰すにしても、あるいは短期でということについても、特に夫婦制は、逆にパーマネンシー・プランニングとの関係で言っても、愛着やそこのルールを暗黙裏に理解して適応するということで考えたら、短期間では済まないだろうと思っているのです。

相澤：それは、やはりニーズ。それは書いてあるのです。できるだけ短期間だけど、子どものニーズに合わせるということは。

野田：当たり前だけど、子どもの最善の利益とニーズが大原則で、子どもの背負っているものによって当然、異なってくる。ただ実務の運用では、そこが飛んでしまって表面的な原理論になっていると感じることもある。逆に言うと、アセスメント・スキルが追いついていな

いのか、体制が追いついていないのか分からないけれども、そこの問題は大きいと思っている。

　他の機能を付加する必要性…先ほどの治療教育的なことや、より精度の高いアセスメントなどとセットでないと。

板倉：子どものニーズを中心にということと、質の高いアセスメントの重要性……それが本の題名にもした『子どもたちが望む「家庭的支援」』ですね。

岩田：本日は座談として設定しましたが、板倉さんと私が野田先生と相澤先生におたずねする内容が多く、私たちが改めて学びを深める時間になりました。本当にどうもありがとうございました。

（2022 年 6 月 4 日　大分大学にて）

補論
消えゆく「夫婦小舎制」にこだわって

家村昭矩

1. はじめに

　過日、児童自立支援施設に関心のある学生から、「施設で取り組まれている寮舎の運営形態について『夫婦小舎制』とするべきか『小舎夫婦制』なのか、先行研究を調べると混在している。定義はあるのか」という発問があった。

　藤井常文は、『谷昌恒とひとむれの子どもたち』の終章「存亡の危機にある児童自立支援施設」の中で、「長い歴史を誇る児童自立支援施設の看板である夫婦小舎制は、今や風前のともしびである」と消滅の危機にある現状を嘆き、なお、「こだわるべきは小舎制であって、夫婦制ではないのではないか、という主張もあるだろう。小舎制を軸に、職員体制は男女のペアを配置することを原則としながら多様な形態であってよい、という考え方である。現場で制度のあり方を論じるとき、かつては夫婦小舎制という表現が用いられていたものが、いつからのことなのか、小舎夫婦制という表現に変わっている。この背景には、そうした思惑があってのことなのか」と投げかけている（藤井 2014）。

　筆者自身も「教護院」の「夫婦小舎制」に触発され、わずかな期間その仕事に携わった経験から、現在は自覚的に「夫婦小舎制」としているが、

以前は無意識に「小舎夫婦制」としたこともあり、それほど使い分けを意識していたわけではなかった。ことばの差異にかかわらず子ども達と生活するという仕事の実態にさほどの違いがないと思っていたからである。

　ところが、筆者の地元の北海道立大沼学園が、2019年から「夫婦制」から交替制導入に踏み切るに至り、この用語づかいに含まれる質的な違いを考えざるをえなくなった。まさに消えゆく「夫婦小舎制」を身近に見聞し、その存在の危うさを強く感じている。

　ここでは、藤井の指摘を踏まえ、その表現、用語の混在するという現状から何が見えるかという狭隘な問題に絞り、その経緯と背景をたどり「夫婦小舎制」を考えてみたい。

2．用語の混在

　全国の児童自立支援施設では、小舎を夫婦職員で担当する運営形態を「小舎夫婦制」とするのが一般的なようである。児童自立支援施設の指針である『児童自立支援施設運営ハンドブック』は、そこでの表記は「小舎夫婦制」として統一されており、「夫婦小舎制」は使用されていない（厚生労働省 2014）。

　2018年2月、全国児童自立支援施設協議会が発した「『新しい社会的養育ビジョン』に関する意見」の中に、児童自立支援施設について、「施設の支援形態は夫婦小舎制が出発点となっており、伝統的に児童と大人との濃密な関りを大切にしています」とある（全国児童自立支援施設協議会 2018）。つまり、「伝統的に夫婦小舎制」と呼称されていたというのである。いつ頃から、どのような経緯で変わってきたのであろうか。

　2006年、厚労省の「児童自立支援施設のあり方に関する研究会」の報告書には「小舎夫婦制」と表記されているが、その検討過程の議事録資料の中に「夫婦小舎制」という記述がある。そして、その研究会のため厚労省が実施した実態調査の依頼文にも、また設問にも「これまで夫婦小舎制

の存続にあたって苦労したことは何ですか」とあり、調査結果をまとめ研究会に提出された［参考資料］にも「夫婦小舎制」と記載されている。しかし、研究会の報告書には「小舎夫婦制」として整理されている。これは担当者の単純な表記間違いだけなのだろうか（厚生労働省 2006）。

　全国児童自立支援施設協議会発行の『非行問題』に掲載されている論文などでは、「小舎夫婦制」と表記することが多いようである。しかし後述するが、以前は「夫婦小舎制」とする表記が多く存在していた。まさに業界内でその混在ぶりが歴然としていた。

　児童自立支援施設の「教護する」とは何かを問いまとめた武千晴は、膨大な資料を駆使し、従前の「教護理論」にこだわり、あえて「キョウゴ」と表記して論述している。その中で、寮舎の運営形態について、「戦前の寄宿舎制や家族制度などから現在の夫婦制、単独制、並立制、交替制などとバリエーションがあり、その呼称も統一されていなかったようである。例えば夫婦制も小舎夫婦制という場合もあれば夫婦小舎制という場合もある」と紹介している。武は、フィールドワークで多くの教護人と交流があり、「教護」にこだわりのあった自身も 2010 年頃は「夫婦小舎制」を用いていたが、著書では「小舎夫婦制」と表記している（武 2018）。

3．寮舎の運営形態

　わが国の教護事業を戦後体系的にまとめたのは、厚生省『教護院運営要領　基本編』（厚生省 1952）である。そこでは夫婦職員が寮舎を担当する運営形態について、「大部分の教護院がいわゆる家庭寮式の運営形態」であることを前提に、「寄宿舎制」と「寮舎制」に分けて記述している。その寮舎制の運営については「単独性」「併立制」「夫婦制」と順を追って解説し、「教母」については「現状を見ると教母は家庭寮の寮長たる教護の妻である場合が多い」とし、「寮母は裏面、側面から寮長の活動を補うように蔭の力となるということがこの制度による効果を挙げるのに非常に

有効」と記述されているが、「夫婦制」についてはその長短に触れる程度で「夫婦小舎制」もしくは「小舎夫婦制」の文言は見当たらない（厚生省1952）。

全国教護協議会編の『教護事業六十年』（全国教護協会 1964）の全国教護院実態調査で、戦後の夫婦制の実態について知ることができる。それよると、施設数は 59 か所（沖縄含む）で、寮舎数は 378、その運営形態について何らかの形で夫婦制を採り入れている施設は 59 か所中 47 か所に及んでいることがわかる（表 1）。そして職種別職員数調べでは寮長は 332 人、寮母は 311 人とそれぞれ計上されていることから類推するに、全国の施設では、寮舎は「夫婦制」を前提として運営されていたことがうかがえる。しかし、『教護事業六十年』の巻末資料「全国教護院実態調査統計」には寮舎運営形態についての分類はない（全国教護協議会編 1964）。

このため各施設がどのような運営形態を採っていたのかについて、『教護事業六十年』「第三章　教護院のあしあと」から調べると、各施設がそれぞれに執筆しているため記載に整合性がなく、また全国 59 施設のうち約四割が運営形態に関する記述がないため、全体の実情は判然としない。

その中で、国立武蔵野学院は、「治療教育」の項で「強制措置寮（観察寮）に於ける一定期間の観察を経た後、普通家庭寮に分類収容」と記述されている。国立きぬ川学院は設立の経緯のみの紹介で運営などに触れた記述はない。

このほかの施設については、寮舎運営について触れている 34 か所をみると、①家庭寮（舎）もしくは家族寮（舎）と記述している施設が 17 か所、②家族（舎）制度、家庭舎方式、家庭システム（方式）、夫婦制家庭寮、夫婦制などと記述している施設が 11 か所あり、③そのほかの施設は、小舎夫婦制、小舎制（夫婦制）とした施設が各 1 か所、そのほかに並立、単独、寄宿などの記載がある。

このことから当時、多くの施設がその運営形態を家庭、家族などの用語を含んだ記述にしていたようである。そして、表 1 にもあるように夫婦制

表1　児童寮・制度上の分類（1962（昭和37）年5月）

夫婦制のみ	単独制、夫婦制	夫婦制、併立制	夫婦、併立、単独制	併立制のみ	併立制、単独制	不詳
23	7	14	3	6	2	4
47				8		4

全国教護協議会『教護事業六十年』p.227 より作成

　と並立、単独などが施設の内部で混在し、また寮舎の運営形態を明示する用語が定まっていなかったことがわかる。

　『教護事業六十年』には、この寮舎の運営形態について論述されているところは少ないが、当時の国立武蔵野学院長青木延春が担当している第五章に、「我が国では教護事業六十年の歴史を積み上げて専門職員による小舎制が確立されている」としながら「労務管理を合理的にするかは既に久しく議論されていたが容易に結論が得られない」、「全教協の課題として昭和三十八年度に採り上げられたことは甚だ適切であると思う」と記述されており、施設経営上での夫婦制と勤務の合理化問題など運営形態を巡る当時の実情を知ることができる。

4．「小舎夫婦制」の由来

　「小舎夫婦制」という呼称が定着した経過を辿ると、先の『教護事業六十年』編纂以降、全国教護院協議会が隔年実施してきた運営実態調査に使用された分類をあげることができる。その調査には、寮舎数の調べのほかに「職員の勤務体制」の調べがある。表2のように、寮の体制を「小舎制・中舎制・大舎制」と分類し、「小舎制」の下位項目の「寮の勤務体制」の項目に、「夫婦制、並立制、交替制、単独制」などが配置されている。実施機関や設問方法が違う年度のもあるが、調査票の記入には概ね「小舎制」、そして次に「夫婦制」として記入することから、自然と「小舎夫婦制」と熟語的に浸透したのではないかとも考えられる。

表2 職員の勤務体制・全国寮舎制度（1978（昭和53）年8月）

小舎制							中舎制	大舎制
夫婦制		夫婦、併立、交替、単独などあり	併立制のみ	交替制のみ	単独制のみ	その他(輪番制)		
2人	3人以上							
21	6	14	2	6	2	1	3	3
41			11				3	3

全国教護院協議会『全国教護院運営実態調査』（昭和53）p.36 より作成

　1978（昭和53）年の運営実態調査は、施設数は全国58か所で、寮舎制度については併立制と共存しながら夫婦制を採り入れているところを含めると41か所になる。表1と比較すると当時の交替制への移行が分かるが、まだ従前から勤務していた夫婦職員がそれぞれの施設で寮舎運営を担っていたこともうかがえる（表2）（全国教護協議会1978）。

　寮舎の運営形態の呼称について、国立武蔵野学院附属教護事業職員養成所の一期生で『教護事業六十年』編集委員であった埼玉学園の森田満は、「夫婦制・小舎制という言葉は比較的最近のものであって福祉法制定以後の新語ではないかと思う。戦後まだ間もない頃はまだ寮舎は家族舎と呼ばれ、夫婦制・小舎制のことは家族制とか家族舎制といっていたと記憶する」と記している（森田1973）。このことは、先ほどの『教護事業六十年』にもみられ、1960年代後半（昭和40年代）の全国教護協議会発行の『教護』に、寮舎運営の形態について様々な表現が用いられていることが確認できる。

　こうした用語概念の変遷を経て、「小舎夫婦制」の表記が明記されるようになったのは『教護院運営ハンドブック』（全国教護院協議会1985）からではないかと考えられる。しかし、その後も「夫婦小舎制」などの使用がなくなったわけではない。『非行問題』Vol.169（1974）に、武蔵野学院教護問題研究会が「教護院の夫婦担当小舎制度」とした表題の論文があったり、昭和62（1987）年度の全国教護院新任院長研修会で、当時の武蔵野学院長大谷嘉行が「夫婦小舎制について（維持、週休)」と題して講義をしていることからも現場の中での混在がうかがえる（国立武蔵野学院1996）。

表3 『非行問題』（第196号〜第225号）に掲載された表記用語

| 期　　　　間 | 表　記　用　語 | | 論文等数 |
	夫婦小舎制	小舎夫婦制	合　　計
① 1990（196号）〜 1999（205号）	46（63.9%）	26（36.1%）	72（100%）
② 2000（206号）〜 2009（215号）	21（41.2%）	30（58.8%）	51（100%）
③ 2010（216号）〜 2019（225号）	11（22.4%）	38（77.6%）	49（100%）

筆者作成

　その後の経緯をたどるため、現在から30年間を遡り、『非行問題』に掲載された論文などから「夫婦小舎制」、「小舎夫婦制」と表記されていたものを整理した。

　「夫婦小舎制」と表記している執筆者は、表3にあるように、① 1990（平成2）年〜1999（平成11）年までは約6割、② 2000（平成14）年〜2009（平成21）年までは約4割、③ 2010（平成22）年〜2019（令和元）年までは約2割となっており、2000年以降から「小舎夫婦制」とした用語の使用例が多くなっている（表3）。

　そのなかで特徴的な例にあげると、①グループの『非行問題』No.198（1992）には、文中に「夫婦小舎制」と表記したものは6編、「小舎夫婦制」と表記されているのは1編のみであり、1990年代の傾向が現れている。その掲載号には、淇陽学校長の細井昭が、「社会の変化に対応する教護院を目指して」と題して、自らの当事者的体験から「住み込みの夫婦職員」に向ける眼差しを交えて、「夫婦小舎制の堅持」に向けた具体的実践案を提起し、後継者の育成に想いを込め語っていることは、興味深い（細井1992）。

　先の運営実態調査を辿ると、児童福祉法改正により児童自立支援施設となった1999（平成11）年の報告書に、全国児童自立支援施設協議会の企画調査委員会の検討を踏まえて「この号から大幅に項目を変更」して実態調査を実施している（全国教護院協議会 1999）。その実態調査の「職員の勤務

体制」の表には新たに「運営形態」の項を設け、「小舎夫婦制」の用語が
登場してくる。そこでは各施設の勤務時間帯を表示するなど勤務実態を詳
細に把握できるように作表されている[1]。

　このように「小舎夫婦制」とする表記の定着は、『教護院運営ハンドブ
ック』と、運営実態調査報告のとりまとめで用語の整理がされた時から、
つまり 2000（平成 12）年以降の『非行問題』に「小舎夫婦制」の用語が
多用されてきたのと符合していることが明らかになる。それは、『非行問
題』の執筆者の中に、元夫婦職員として勤務した経験者が減少していくこ
ととも一致する。

5．「小舎制」の提唱

　「小舎夫婦制」は自然に表記替えしてきたようにみえる。しかし、「夫婦
小舎制」あるいは「夫婦・小舎制」と表記することへの意図的な関与はな
かったのであろうか。

　その手掛かりに、戦後の教護事業を「治療教育」や「with の精神」を
提唱しけん引した第三代国立武蔵野学院長、青木延春（1902-1986）の論調
をあげることができる。

　青木は、『教護事業六十年』で担当した「第五章　教護事業の課題」の
冒頭に、「教護院は自由な明るい開放施設であり、小舎制度の下に一貫し
て指導の責任を持つ寮長がいる。一見したところ収容施設としては理想的
形態のように思える。矯正施設の理想が、開放主義、小グループでの責任
指導体制、個別指導の徹底等にあるからだ（強調点筆者）」と施設運営の根
幹について述べている（全国教護協議会編 1964）。

　これより先に青木は『非行少年』(1957) で、「我が国の教議院では従
来小舎を家族舎と称し、その寮長夫妻が家族の一員として児童達を抱擁
し、彼等に欠けていた家庭的愛情を与えてその更生を図るべきだと考え
て来た」が、「寮長夫妻は児童達の父親或いは母親であるよりは理解と愛

情のある、よその小父さん小母さんでなければならない」「従って名称も
寮長寮母の概念を思わせるものを避けて適切な他の名称に変更するがのぞ
ましいし、家族舎の名称も廃して小舎に統一する方が良いと思う」と、従
来の「家族舎制」の呼称を「小舎制」に変えることを提言している（青木
1957）[2]。

　このことは、『武蔵野学院五十年誌』（1969）に「寮舎の名称を創設当時
は家族寮と呼び、現在は小舎と云うが、之は教護活動の理念の変遷」によ
り「現在では家族舎と云う概念は殆ど使用されない」と、踏襲されている
のである（国立武蔵野学院 1969）。そして同時期に全国教護協議会により編
纂された『教護院運営指針』（1969）にも、寮舎については、「家庭的生活
をさせる保護の場」であり「治療や教育の場」であるとして、子どもの
「入院から退院までの全教護を、一組の教護と教母が引き受けるというの
は、これからのやり方としては避けるべきである」と解説し、「教母」の
役割、使命についての重要性を強調しながらも、当時全国で多く取り組ま
れている「夫婦制」について論究した記述はほとんど見当たらない（全国
教護協議会 1969）。

　また『教護院運営指針』では、教護事業は治療と教育という目的の前提
に「保護」があると解説されているが、「保護の重要性は、保護に欠けた
がために非行に陥ったという原因からも考えられるが、それよりも保護が
なくては、治療も教育も全くなり立たないという絶対的なもの」であると
しながらも、従来の教護事業が保護にとどまって伸び悩んでいたとも指摘
している。そしてなお、「教護事業は、児童を保護し、その上に立って治
療と教育によって、児童の健全な発達を保障」するもので、「いつまでも
保護のみに甘んじてはいけない」と警鐘を鳴らしている（全国教護協議会
1969）。

　当時の教護院において教護の思想をどのように具現化するか、その方法
を論じた手引書として編集された『教護院運営要領　基本編』（1952）と
『教護院運営指針』（1969）のいずれにも、留岡幸助はじめ幾多の先達が

草創期に試行錯誤して取組んだ全国の「家族寮」、「夫婦制」の実践例など
が紹介されていないのは、「家族舎制」に対する批判、反省から生じたも
のであったのだろうか。

6.「家族舎制」と「夫婦小舎制」

　寮舎の運営形態の歴史的経緯をたどると、「創設当時は家族寮」とよく
説明される。その嚆矢は、1899（明治32）年に家庭学校を創設した留岡
幸助が、当時の感化院が兵営制度、寄宿舎制度が主であったものに対し、
「本校ハ家族制度（ファミリー・システム）ニ由リテ生徒ヲ家族的愛情ノ裡
ニ薫陶スルモノトス（家庭学校概則）」（留岡 1978）を掲げ実践したことに、
多くの感化院が影響を受けたことよるものと考えられる。

　1908（明治41）年の感化法改正は全国的に感化院の設置の契機になった。
それにより内務省嘱託でもあった家庭学校長留岡幸助は、内務省主催の
「感化救済事業講習会」の講師として、「他の講師と異なり特に時間が多
い」ように割り当てられ講義をしている。そして、同時に開催された感化
救済事業展示会には家庭学校の紹介パンフレットが出品されていたり、ま
た家庭学校が参加者の視察施設になっていた。全国の感化院の家族舎制採
用に大きくかかわっていたことは想像に難くない（二井 2020）。

　家庭学校が開設当初掲げた家族制度とは、家族舎を管理する「家族長」
とそれを補佐しその家族を整える役割として「家母」を置き、その「家
母」を補佐する「家母補」などを配置することにしている。その意図する
ところは、「創設当時は夫婦であることが原則ではなかった」、「留岡が重
要としたのは、夫婦であることよりむしろ家族舎制の構成員に女性職員が
存在」することにあり、寮舎の職員には女性職員を配置することを必須と
していたのである（二井 2020）。のちに留岡は、『感化事業実施方法』の中
で「教員は夫婦そろって」、「家庭は夫婦が其の組織の根本となるべき」と
して実際的には夫婦職員による寮舎運営を実践している（牧野 1933）。以来、

現在も北海道家庭学校は寮舎運営の基本を夫婦職員としている[3]。

「夫婦小舎制」という表記は、歴史的に全国の教護院の多くが「家族舎（寮）制」で展開されてきたこと、そして施設の運営形態を「夫婦制」と「小舎」、「大舎」などを同時に現す用語を求められたとき、「夫婦職員」による寮舎運営を積極的、端的に表現する用語として、「夫婦小舎制」とされたのではないだろうか。

7. 夫婦制論争と勤務改善

戦後10年を経たころ、夫婦制をめぐる論争があった（全国教護院協議会編 1985）。当時国立武蔵野学院長であった青木は『教護』第75号（1957年）の巻頭に、教護院の寮舎運営で「一番多いのは夫婦制」であることについて、「夫婦共正規の職員であることが果たして望ましいか」、「困ったことに外部からの批判もある」から「寮長の妻は正規の職員から外し、嘱託として相当の手当を支給」し、浮いた人件費で専任の職員を置くことができると提案をしている（青木 1957）。そして、その年の6月、青木は全国教護院長会議でその詳細な説明を行っている。

これに対して、その会議に出席していた修徳学院長鈴木一雄が「熱烈な夫婦制職員擁護論」を展開している。その詳細は『教護』第78号に掲載されている。そこでは「日本の教護院の良さは教母が一家の主婦として母としてのそれに当たる役割」にあり、教護効果の大なるものであることを強調し、「教母の嘱託」説に対し強く反論し、特にそのことに政府や地方行政当局が飛びついてくることを牽制し全国に議論を呼びかけている。

つまり、青木は寮母の役割を重要視しながら、その実は寮長の妻であり、その家族の母親であることから寮母としては一介の「小母さん」程度であることしか期待していないことを示したものであり、いわゆる世間の評価と何ら違わないものであると指摘し、そのことに鈴木は「教護事業の大きな堕落」であるとまで言い切って強く反論しているのである（鈴木 1957）。

感化法が施行されて創設された国立武蔵野学院は、寮舎を担当する職員の妻はどのような位置にあったのであろうか。

　家庭学校の女性職員の姿に光をあて、女性職員についても考察した田澤薫は、「1919（大正8）年に設立された国立感化院武蔵野学院には女性職員が置かれなかった」、「だからといって国立感化院の事業が男性職員のみによって賄われたわけではない。武蔵野学院関係資料が物語るように、ここでも教諭の妻は児童の衣食の世話に携わっていた。ただ彼女たちは職員ではなく『奥さん』だったのである」と述べている。そして、「『家』制度内で男性職員を補佐するだけであれば、脆弱な感化力しか見込めないであろうし、無論職員としての評価も低くなろう」として、そのことは「わが国の感化教育を『家』制度イデオロギーの枠内で受容した」ことにあると、厳しく指摘している（田澤 1999）。

　夫婦職員の「奥さん」をどのように位置づけるか、まさに、青木の「女性職員」に対する認識の背景を言いあてているのではないだろうか。この夫婦制の議論は、その後の労働条件改善の動き、「治療教育」の展開などとともに交替制への議論の契機となった。

　1964年の『教護』第130号に、萩山実務学校、誠明学園の両施設職員の座談会が掲載され、当時課題となっていた八時間勤務体制、生教分離、夫婦制、小舎制などについて論じられている（誠明・萩山有志 1964）。この議論は、その後の『非行問題』にたびたび登場する。1970年には阿武山学園の加藤暢男が「教護院における生きがいを求めて（社会福祉改善闘争における取り組みの姿勢）」として組合運動の詳細を報告している（加藤 1970）。また、誠明学園の柴田省三も「教護院の未来についての考察──東京誠明方式の由来から」に、夫婦制寮舎は1960年代、並立制の導入からチーム制に移行し1970年には夫婦職員が勤務する形態はなくなったことを報告している（柴田 1973）。

　こうした背景には、同時期の全国的な社会福祉施設を中心とした「社会福祉改善闘争」と深く連動していたことが考えられる。1960年代半ばか

ら、その中心となっていた全日本自治団体労働組合は、国公立がほとんどの教護院にも、児童福祉法の「施設最低基準」が"最高基準"になっている実態に、施設の"あるべき姿"を求めた「職員配置基準」を示し、職場での取り組みを呼びかけた。それは当時の社会福祉の現場に暗に求められた「聖職者意識」に対し「福祉労働者・公務労働者」として、そこで働く者の権利と自覚を促した点でも高く評価されるものであった。結果、多様な公立社会福祉施設の諸条件が大幅に改善され、利用者への処遇も向上した例が多く報告され、民間社会福祉施設の発展へ大きく寄与している。しかし、児童福祉施設の現場にあって、労働時間・条件改善の主張は、ややもすると利用者の視点が充分とはいえず、問題の先送りや混乱をまねいた事態も皆無とはいえなかった。とりわけ子どもの生活に寄り添い暮らすという公私の区別が判然としない「夫婦小舎制」は、同じ職場内でも十分な理解を得られず、交替制への動きを生じた例もあったのではないだろうか[4]。

8.「夫婦制」へのこだわりと青木延春

1970年代、施設の運営形態や勤務問題を巡る混沌とした状況にあったとき、青木延春は国立武蔵野学院を退いた後も「夫婦制」についての主張は一貫していた。

青木は、1976（昭和51）年、感化法制定75周年記念特特集号として発行された『非行問題』の「明治生まれのO.B大いに語る」の冒頭に登場し、編集委員のインタビューに答えて、「少人数の生活集団が生命なんだ。これを壊しては駄目だよ。夫婦制はなくなっても治療的共同体が維持できればいいんだよ」とまで語っている（杉谷1976）。

戦後27年間（1946～1973勤務）、国立武蔵野学院長と附属教護事業職員養成所長であった青木の教護業界での存在感は際立っていたことを考えると、青木の論調は交替制への肯定的な理論的土台となり、そして「夫婦小

舎制」をことさら意識して「小舎制」を枕とする表記に置き換えようとしていた面がなかっただろうかと思うのは考えすぎであろうか。付言するならば、青木の with の精神には、寮母の存在はどの程度であったか伺いたかったものである[5]。

　ちなみに、青木は戦前武蔵野学院の医務官として勤務（1930 〜 1932）している。その後遺伝、優生学の研究に取り組み 1938（昭和 13）年に厚生省予防局優生課に迎えられている。そこで優生学の世界的動向も紹介した『体力向上と優生断種』（1939 年）を著し、「寸時も早く有効適切な優生断種法、優生結婚法其の他の民族優生法規が制定公布されことを切望」するとして優生断種論を唱えている。そして、戦時体制下にあった厚生省予防局で積極的に政府の「民俗優生制度案要綱」や「断種法」制定の準備をし、「国民優生法」（1940 年）の成立に尽くしている（莇 2004）。青木は、精神異常者が「社会家族の蒙る経済的損失の莫大なのは驚くべき程である」として、その中に精神欠陥者、精神薄弱者や不良少年などの存在に触れ、優生断種の対象とすることの必要性を説いている。

　戦後再び教護業界に転じた青木は、『少年非行の治療教育』（1969 年）の「身体的・体質的原因の予防」の項で、当時の優生手術の現状に触れ、「体質性病的性格については、その遺伝の研究が進めば、将来は断種や去勢が大きく取りあげられる時がくるかも」として、「さらに実際的には、問題は病的性格の体質自体の予防というよりは、むしろその反社会性の発現の予防といえる。すなわち病的性格者を援助して彼の欠点を処理させ、他人の迷惑となる存在ではなく社会有用の人とならせることである」と述べている（青木 1969）。

　青木は、戦後の「優生保護法」につながる優生思想の形成にも深く関わっていた。そのことを知る人は少ない。しかし、そうした背景が青木の「治療教育」理論にどのように反映し、またどのような影響をもたらしたのか、検証すべき課題ではないだろうか[6]。

9. 「夫婦小舎制」の再評価

　社会的養護を必要とする子どもの自立支援を考えるうえで、その生活施設の根幹にある寮舎の運営については、小舎であることが望ましいのは今更論を待たない。前述した「夫婦制」崩壊が進む中で、その「夫婦制」に視点をあて評価したのは 1985 年に発行された『教護院運営ハンドブック』ではないだろうか（全国教護院協議会編 1985）。それは 1970 年代まで第一線にいた青木が引退した後のことである。そして、『国立武蔵野学院七十年誌』（1990）にも、「教護院は小舎制が最も適切な形体である事は理論上間違いない」とし、「その小舎に最もなごやかな雰囲気を与える為にはこの 2 人が夫婦であり、更にその子供達も一緒に居住するのが好ましい。即ち夫婦制」として夫婦制を積極的に評価している（国立武蔵野学院 1990）。

　元北海道家庭学校長谷昌恒は、「教護院はいかなる仕組みを最上とするかと言うようなことは、私の関心には薄いことである。夫婦小舎制でも、五人制勤務でも、大舎制でもいい」と、当時の寮舎の勤務体制などの議論が続く公立施設を冷ややかに突き放しながらも、「私は北海道家庭学校にあって、夫婦小舎制を教護院の理想の形態であると信じ」て、寮舎を次々と改築していることを紹介している（谷 1976）。

　谷は、家庭学校では「寮舎に夫婦の職員をおき、少数の子供たちと、あたかも家族、大家族のような構成とする。決して寄宿舎のような大集団とはしない。留岡は家庭学校の基本形態をそのように定めました。夫婦の小舎制、家庭寮はこのようにして創始」され、その家庭寮では、「職員と子供が全生活を共有しているのです。それは、早朝の爽快な気分も、夕暮れ時の疲労も、遅い夜の眠気も、一切を共有」し、「その家屋構造、職員と少年との人的構成が、家庭、家族を模しているという以上に、まさに昔の家庭のように、構成員がみんなで支え合うという生活の様式を採っていることが、最も特徴的だと思う」と当時の寮舎の有り様を記している（谷 1984）。

　そして今、現北海道家庭学校理事長仁原正幹も校長時代に夫婦制寮舎の

改築をすすめつつ、夫婦職員の獲得に奔走している。そのことは現在の清澤満校長にしっかりと引き継がれている（仁原・二井 2020）。

　児童自立支援施設を「寮舎」に視点をあて考察した阿部祥子は、「施設の建物は〈もの〉ではあるが、日々の〈生活〉や〈教育〉をリズムを持って具体的に支える場である。生徒と職員がともに暮らす中で〈住まい〉となり、基本的な生活習慣や安定した人間関係を結び」支援活動が展開されることに注目し、「夫婦小舎制をとる場合、児童・職員とその家族にとって〈住まい〉とはどうあればよいのか、生活リズムをサポートする器としての住宅条件は何があげられるのか」と、夫婦で運営する寮舎を、建物を中心とする生活環境のあり方に注目して論究している（阿部 2000）。

　自立支援を必要とする子どもに寄り添い、共に暮らす生活形態を言い現すとき、留岡幸助が構想したファミリーシステムの流れをくむ「夫婦小舎制」表記の方が、その意味をくみ取れるのではないだろうか。

　現行の『児童自立支援施設運営ハンドブック』は、「夫婦制」について、「夫婦制におけるチームアプローチ」の項に、「感化院から教護院としての役割である子どもへの自立支援において、一番大切にしてきたのが家庭の機能」であるとして、「寮舎に夫婦職員が勤務し家庭生活を営みながら子どもの支援を行う」ことについて具体的な記述がされ、夫婦制における家庭的養育の重要性について強調されている。そして、寮長を「寮夫」と呼び父性モデルとしての存在を示し、「寮母」は、寮夫と協働して子どもを支援し、寮舎では母性モデルとして新たな視点で夫婦職員の立ち位置を解説している（厚生労働省・児童自立支援施設運営ハンドブック編集委員会 2014）。

　従前から夫婦制では、男性を寮長と呼ぶのを習わしとしていた。そのことが我が国の「家父長制」のイメージを醸し、通常の男尊女卑的な振舞を助長する傾向にあった。これは児童自立支援施設の特異な職場・生活環境にあって夫婦制はことのほか大きな問題点であった。その夫婦職員の呼称を今日の状況に合わせて定義され、なおかつ夫婦職員の自覚を求めたもの

でもあり、至極納得できる。それは留岡幸助が当初構想した、夫婦にこだわらない家族長、家母というそれぞれの役割の呼称に通ずるものではないだろうか。

さらに、寮舎の主人公である子どもたちの存在を考えると、小舎制の主体が「夫婦」なのか、その「主人公の子ども」を含んだ「家族」として捉えるかによってその呼称も違ってくるのではないだろうか。それは留岡が唱えた「家族舎制」とした説明がより適切に響いてくるように思える。

10.「夫婦小舎制」展望

2021 年 6 月現在、全国児童自立支援施設協議会のホームページに各施設の紹介がされている。それには、全国 58 か所のうち寮舎を大舎形態で運営している施設が 4 か所、中舎は 15 か所、中・小舎混在は 2 か所で小舎は 37 か所となっている。小舎形態のうち夫婦制による運営を基本にしている施設は 18 か所（大沼学園を含む）となっている。

冒頭に紹介した北海道立大沼学園は、道立向陽学院と社会福祉法人北海道家庭学校と共に道内 3 施設足並みをそろえて夫婦小舎制を採り、公教育導入も 3 施設同時にスタートするなど相互に連携を図りながらきた。ところが北海道庁は、2018 年 9 月に「道立児童自立支援施設のあり方」検討会議の作業部会で、「入所児童が多様化」し「児童自身が抱える特徴に個別に対応する必要が大きく、夫婦だけの対応では苦慮する事例が増えた」として、道立 2 施設を段階的に交替制へ移行する方向を示した。その検討経過は、施設運営の基幹であった「夫婦制」に関して内部でも十分な検証・議論が尽くされず、短期間で結論が出されている。2021 年 4 月現在、大沼学園は交替制が 2 寮舎、夫婦制が 1 寮舎となったのである。まさに「夫婦小舎制」は風前のともしびである。

2015（平成 27）年度全国自立支援施設協議会文献賞で優秀賞の「夫婦職員の育成と専門性の向上について」が目にとまった（手島 2015）。執筆者

が並立制と夫婦制で働いていた経験をもとに、夫婦制が「このまま衰退し、滅んでしまうにはあまりにも惜しい価値が夫婦制にはある」と「小舎夫婦制」について具体案を示し熱く論じたものである。2017年に国が示した「新しい社会的養育ビジョン」は、子どもの暮らしはより家庭的であることを求めている。児童自立支援施設の「小舎制」が前提で取り組まれる「夫婦制」は、まさに時節にかなったものであり、手島氏への追い風のような気がしている。

　元成徳学校長叶原土筆は、『過去から未来に語りかける社会的養護』（2019）のインタビューに答えて、「私は会長時代（全教協）、もし教護院が小舎夫婦制の勤務条件が過酷で維持できないのであれば、夫婦職員を教護里親として、勤務時間の定めがない特別公務員と位置づけられないか、と厚生省の育成課長に話したことがありますが、笑い話で終わってしまいました」、「教護院は広い敷地の中で活動が営まれているので、『里親村』『教護里親村』にならないかとも訴えました」と述懐している（藤原・小林 2019）。

　叶原のこの考えは、当時『非行問題』（No.203）に掲載された服部朗の論文をふまえての提言ではなかっただろうか。服部は、法律家の視点で当時の教護院の抱える「夫婦小舎制か交替制かの選択、勤務制と労働基準法」などを考察し、社会的養護を必要とする「代替の順位」について、「近時の夫婦小舎制の後退は残念なことである。また今後は、夫婦小舎制教護院の教護教母に、『短期施設里親』とでも呼ぶべき法的地位を与えるという案も検討に値するのではないだろうか」と論究している（服部 1997）。

　このことは、厚労省の「児童自立支援施設のあり方に関する研究会」報告書（2006）にも、「将来的に、非行少年等に対する養育を行ってきた専門里親を職業化して、（職員として）寮舎を受け持つ形態での寮運営の仕組みを検討する」と提言されている。その研究会委員であった小木曽宏は、「小舎夫婦制」確保と、その可能性について期待のエールを送っている（小林・小木曽編 2009）。

児童精神科医の田中康雄は、児童自立支援施設について、「脆弱な人格構造を補強し、新たな社会適応性を学ぶための前哨戦として、大人との新たな関係性を築くこと」であり、子どもとの「信頼を紡ぐためには、相応の時間と、幾多の躓きと躊躇があり、そのなかで、対面する大人が子どもにとって特定の、かけがえのない存在となっていくことである」として、施設の職員と子どもとの関係性を指摘している。そして、そこでの暮らしを「互いを認め、育ち合う生活空間として」あることを強調し、子どもたちとの関係性の構築に、寮舎の形態、運営のあり方などの重要性を示唆している（田中 2012）。

　国立武蔵野学院・きぬ川学院を経て現在網走刑務所医務官で北海道家庭学校樹下庵診療所に兼務する児童精神科医の冨田拓は、その「夫婦制という独特の支援形態が一世紀を超えて存続してきている」、「これを失くしてしまうのは簡単です。しかし、夫婦小舎制という希有な治療文化が日本に残されていることは誇るべきことだと思います。もっと広くその意味と有効性を知らせることで夫婦小舎制の維持さらには拡大を図らなければならない」と、「夫婦小舎制」への積極的な役割、期待を述べている（仁原・二井 2020）。

　「夫婦小舎制」を維持することは大変厳しい状況にある。しかし、現在の児童自立支援施設を利用する子どもたちの状況は、おしなべて生育環境や発達課題など複雑困難な事情を抱えている。そうした子どもたちが暮らす施設は、「夫婦小舎制」にその大いなる可能性があるのではないかと改めて思う。

11. おわりに

　私が児童相談所に勤務してまもなく、つれあいが障がい児施設勤務経験のある保母であったこともあってか、再三教護院への異動の誘いを受けた。教護は自分には不向きであると思いながらも諸先輩や、北海道家庭学校の

先生方とのつながりの中で断ることができず、入り込んでしまった。三人の子どもを連れ移り住んだ時の寮舎、大沼学園のことは、入寮してくる子どもたちと同じ心地であったろうか、今でも鮮明に記憶にとどまっている。

ドアを隔てたひとつ屋根の下での経験は得難く、今の私を築くには欠かせないものであった。1980年代当時は校内暴力全盛時期でもあり、力で向き合う教護術には辟易させられ当初は異動したことを後悔もしたが、家族で住み込む崖っぷちの毎日も、つれあいの協力や三人の子どもたちの適応力に依拠し何とか乗り切ることができた。7年間の短期間であったが、知的障がい児や保母集団と若い時期を過ごしたつれあいは、「知的障がい児も非行児も、発達のすじみちによりそって共にすごすという点ではうちの子育てと一緒」と言い、寮舎やその毎日の生活スタイルをささやかであるが徐々に変えていくことに腐心し、楽しみも見つけた。寮生たちの意見やアイデアを生かす仕組みをつくったり、暮らしの毎日に生活感を漂わすことにあれこれ工夫をしたことが懐かしく思い出される。まさに家族で住込むの夫婦職員ならではの体験であった。

そして、夫婦小舎制とはいいながら、就学猶予で在籍する子どもたちに「準ずる教育」の学習支援を主に担い、寮舎を支えてくれた当時「本館職員」と称した職員集団と、給食や総務などすべての施設職員の存在なしには子どもたちの支援は成り立たず、私達の経験も語ることはできない。

「夫婦小舎制」は、社会的養護を必要とする施設の至上のシステムではない。夫婦制は子どもの抱え込みなど、様々な弊害も多々指摘される。それが夫婦であるが故に始末が悪いと嘆かれる声も聞く。そうした困難な現実に打開策が見当たらないとき、施設運営には交替制のほうがリスクが低いという見解に頷かざるをえなくなるときもある。

そうしたなかでもなお、社会的養護を必要とする、とりわけ児童自立支援施設をほんの短期間しか利用しない子どもたちに（だからこそ）、私たち大人の側が採りうる最良の手立てを追究する姿勢と努力を失いたくないと思う。

私は、以前北海道家庭学校で寮舎を担当していた十数組の元夫婦職員を訪ねインタビューする機会があった。その際「小舎夫婦制ですか、それとも……」と話題をむけると、長く寮舎を担当された多くの先輩は、「夫婦小舎ですね」と答えてくださった。そしてある先輩は、言葉を選ぶように「あえて僕は家族小舎制と言います」と付け加えたことに、わが意を得た心境になったことを思い出す。

　わずかな期間の仕事・生活であったが、私たちの中では「夫婦小舎制」なのである。それは決してノスタルジックな自己陶酔の思い出話ではなく、子どもたちと共にする暮らしが短期間ではあっても、その成長を支えるためにどうあるべきかを悩み、生活の中で探った日々の確かな手応えであったという思いから出てくるように思えてならない。

【注】

1　現在の実態調査では、「Ⅱ施設運営状況（1）定員及び寮舎・職種別職員」表の記入例に「運営形態を以下から選択①夫婦制②交替制③並立制④その他」として報告を求めており、2020（令和2）年の実態調査の「運営形態」の欄には上記の記入例で統一されている。また全国児童自立支援施設協議会ホームページにも各施設情報が掲載されていて、運営形態：（小、中、大）、勤務形態：（夫婦制、交替制、並立制など）と用語が統一されている。

2　青木延春『少年非行の治療教育』（1969）は、前著『非行少年』（1957）の増補訂正版として出版されているが、この部分が記述されている「第四章結語（教護院運営要領について）」が割愛されている。

3　戦前留岡幸助の四男清男（元北海道家庭学校長）が当時の社名淵分校（北海道家庭学校）教頭兼家族長として女性職員と寮舎を担当した例がある。また、戦後の一時期、北海道家庭学校が採り入れた「中規模寮舎」について、大泉溥（日本福祉大学名誉教授：北海道家庭学校で寮舎を担当した大泉栄一郎夫妻の三男）の論説「北海道家庭学校における中規模寮舎への挑戦――戦後復興のための『放胆な教育実験』について」『福祉研究』No.113（2018）は大変興味深い。

4　この時期、筆者は新潟県立の「精神薄弱児施設」に僅かな期間勤務しており当時の自治労主導の「社会福祉改善闘争」の渦中にいた。民間立が僅か2施設で、公立の

「教護院」は、夫婦制という家族住み込み形態の存在が問われていただけに大きな影響を受けていたことは間違いない。大台美智子（1965）「自治労の施設職員定数改正要求と今日の教護院」『教護』第136号。自治労社会福祉評議会（1971）「社会福祉改善闘争の重点課題と『職員配置基準』の自治労試案」。全日本自治団体労働組合（1972）「社会福祉闘争のてびき（草案）」。

5 青木は1973年に退職しているが、その後も国立武蔵野学院の顧問として教護事業職員養成所の講師を勤め1978年度まで「精神医学」を講義している。『国立武蔵野学院附属教護事業職員養成所五十周年記念誌』1996年。

6 1951（昭和26）年10月、全国精神薄弱児施設幹部職員相互研修会に出席していた青木は、「優生保護法制定当時厚生省にてその立法に参加」していたとして発言を求められ、「武蔵野学院でも父母共に低能の例が多い。低能の手術は必要であろうと考える」「アメリカのように余裕のある国でも断種をしているが日本でも当然必要である」と述べている（日本少年教護協会『児童』第八号 p 106、1952年）。また、静岡県立三方原学園『教護七十年（創立70周年記念誌）』（1981）に、「優生手術：昭和31年1月、○○病院にて優生保護手術候補者11名（男7名、女子4名）の診断がなされた。これにともない、8月に県公衆衛生課職員2名が来園し、書類上の審査がなされた。この間、医師の診断書や保護者の同意書が取揃えられ、優生保護審査会にかけられ、手術が実施された。（以下略、○は筆者）」との記述がある。そして、先頃の朝日新聞「強制不妊手術巡る国賠訴訟」（2020年6月29日）の記事に、「原告の男性は非行を埋由に施設に入所していた（14歳ごろ）」とある。当事者の人生を顧みるに、当時の教護院における実相の解明が求められるのではないだろうか。

【引用・参考文献】

青木延春（1939）『体力向上と優生断種』保健衛生協会

青木延春（1940）「優生手術について」『人口問題研究』第1巻第5号

青木延春（1969）『少年非行の治療教育』国土社

青木延春（1957）「教護院の夫婦制について」『教護』第75号

青木延春（1957）『非行少年──その本態と治療教育』全国社会福祉協議会

莇 昭三（2004）「15年戦争と日本民族衛生学会（その2）──学会活動と『国民優生法』の制定」『15年戦争と日本の医学医療研究会会誌』第4巻第2号

阿部祥子（2000）「北海道家庭学校（旧教護院・現児童自立支援施設）にみる夫婦小舎制の展開──建物を中心として」『生活学論叢』5号

阿部祥子（2005）『もうひとつの子どもの家──教護院から児童自立支援施設へ』ドメス

出版

稲田政男（1961）「陸の灯台守——"寮母さん"を尋ねて」『刑政』第 72 巻 8 号

「石原登先生の思い出」編さん委員会（1986）『石原登先生の思い出——残された言葉』

大川清治・熊本敬一（2001）『ボンズ～きずな～みんなだいじな子やで！　自立支援のこころみ』教護道場

大島祥市（2004）「児童自立支援施設の将来像」『非行問題』No.210

加瀬 之（1976）「コテージシステムについて」『星華のあゆみ』千葉星華学院

加藤暢男（1970）「大阪市立阿武山学教護院における生きがいを求めて（社会福祉改善闘争における取り組みの姿勢）」『非行問題』No.162

厚生省（1952）『教護院運営要領　基本編』

厚生労働省・児童自立支援施設運営ハンドブック編集委員会（2014）『児童自立支援施設運営ハンドブック』

厚生労働省（2006）「『児童自立支援施設のあり方に関する研究会』報告書、［参考資料］」

国立武蔵野学院（1969）『武蔵野学院五十年誌』

国立武蔵野学院（1990）『国立武蔵野学院七十年誌』

国立武蔵野学院（1996）『国立武蔵野学院附属教護事業職員養成所五十周年記念誌』

小林英義・小木曽宏編（2009）『児童自立支援施設これまでとこれから』生活書院

柴田省三（1973）「教護院の未来についての考察 − 東京誠明方式の由来から − 」『非行問題』No.168

杉谷秀樹（1976）「青木延春先生を訪ねて」『非行問題』No.174

鈴木一雄（1957）「日本教護院に於ける教母の座」『教護』第 78 号

誠明・萩山有志（1964）「座談会・教護院に於ける勤務の合理化」『教護』第 130 号

全国教護協議会（1969）『教護院運営指針——非行からの回復とその方法』

全国教護協議会（1978）「全国教護院運営実態調査」

全国教護院協議会（1999）「全国教護院運営実態調査」

全国教護協議会編（1964）『教護事業六十年』

全国教護院協議会編（1985）『教護院運営ハンドブック』

全国児童自立支援施設協議会（2018）「『新しい社会的養育ビジョン』に関する意見」

「全国精神薄弱児施設幹部職員相互研究会議事録」（1952）『児童』第八号

武 千晴（2018）『児童自立支援施設の歴史と実践——子育ち・子育てを志向する共生理念』勁草書房

田澤 薫（1999）『留岡幸助と感化教育——思想と実践』勁草書房

田中康雄編（2012）『児童生活臨床と社会的養護』金剛出版

谷 昌恒（1976）「教護院の今日の問題」北海道家庭学校『ひとむれ』第 411 号

谷 昌恒（1984）「北海道家庭学校の『家庭寮』」『教育と医学』第 32 巻 12 号

手島教介（2015）「夫婦制職員の育成と専門性の向上について」『非行問題』No.221

留岡幸助（1978）『留岡幸助著作集　第一巻』同志社大学人文科学研究所

二井仁美（2020）『留岡幸助と家庭学校　改訂普及版』不二出版

仁原正幹・二井仁美編（2020）『「家庭」であり「学校」であること――北海道家庭学校の暮らしと教育』生活書院

服部 朗（1997）「子どもの権利条約と教護院」『非行問題』No.203

藤井常文（2014）『谷昌恒とひとむれの子どもたち――北海道家庭学校の生活教育実践』三学出版有限会社

藤原正範・小林英義（2019）『過去から未来に語りかける社会的養護――叶原土筆、平井光治の思索と実践に学ぶ』生活書院

細井 昭（1992）「社会の変化に対応する教護院を目指して」『非行問題』No.198

松浦直己（2020）「児童自立支援施設の夫婦小舎制に焦点化して」『小児の精神と神経』第 60 巻 2 号

牧野虎次編（1933）『感化事業実施方法　留岡幸助君古希記念集』留岡幸助君古希記念事務所

森田 満（1973）「教護院の歴史的推移とその特殊性」『非行問題』No.168

もみたかし（1997）『少年たちが輝いた日――施設生活の意味』法政出版

おわりに
保護的・補償的体験を視点にして

相澤　仁

　周知のとおり、令和5年4月1日こども家庭庁が発足され、こども基本法が施行された。

　その基本法第3条に基本理念の一つとして、「こどもの養育については、家庭を基本として行われ、父母その他の保護者が第一義的責任を有するとの認識の下、これらの者に対してこどもの養育に関し十分な支援を行うとともに、家庭での養育が困難なこどもにはできる限り家庭と同様の養育環境を確保することにより、こどもが心身ともに健やかに育成されるようにすること。」を規定している。子育ては家庭を基本としながら、そのサポートが十分に行われ、家庭で育つことが難しい子どもも、家庭と同様の環境が確保されることが基本理念として位置付けられたのである。

　すでに、平成28年の改正児童福祉法においては、理念規定を改正し、子どもが権利の主体であるとともに、家庭養育優先の原則が明記された。子どもの家庭養育優先原則を規定した児童福祉法第3条の2では、

　① 国及び地方公共団体は、児童が家庭において心身ともに健やかに養育されるよう、児童の保護者を支援しなければならない。

　② ただし、児童及びその保護者の心身の状況、これらの者の置かれている環境その他の状況を勘案し、児童を家庭において養育することが困難であり又は適当でない場合にあつては児童が家庭における養育環境と同様の養育環境において継続的に養育されるよう、

③　児童を家庭及び当該養育環境において養育することが適当でない場合にあつては児童ができる限り良好な家庭的環境において養育されるよう、必要な措置を講じなければならないこととされたのである。

　また、代替養育のガイドラインにおいても、第一に、子どもが社会の基本的集団であり子どもの発達・福祉・保護にとって自然な環境である家庭での養育を受け続けられる、または家庭の養育のもとに戻すための活動を支援する。それが困難な場合は、養子縁組などの永続的な解決策を検討すること。その永続的な解決策の実現困難の場合や子どもの最善の利益に沿っていない場合には、子どもの完全かつ調和のとれた成長発達を促進するという条件のもとで、最も適切な代替養育の提供を保障することといった趣旨の内容が指摘されている。

　こうした家庭養育に関する制度的な動向を踏まえるならば、社会的養護における家庭的支援については、その質、量ともに充実強化しなければならないことは明々白々である。

　それでは、家庭的支援の質を向上させるためには、どのような支援を展開すればよいのであろうか。

　ここでは、社会的養護のもとで生活している子どもの多くが経験しているであろう「小児期逆境体験」について取り上げ、それに対する解毒剤として機能する「保護的・補償的体験」に述べながら、家庭的支援の意義について触れてみたい。

　近年、様々な研究（Felitti et al., 1998; Hughes et al., 2017）により、つぎに示したような虐待など家庭内の小児期逆境体験（Adverse Childhood Experiences: ACEs）はその後のライフにおける心身の健康問題や慢性疾患などと密接に関連することが確認されている。

◎小児期逆境体験
①心理的虐待　②身体的虐待　③性的虐待　④情緒的ネグレクト　⑤身体

的ネグレクト　⑥家庭内暴力　⑦家庭内での薬物濫用　⑧家庭内での精神疾患　⑨両親の別居や離婚　⑩家庭内の収監された犯罪者

　このような小児期逆境体験が生涯を通して健康やウエルビーイングに及ぼす影響として、その体験が神経発達不全を引き起こす。そのことが原因になって、対人関係などの社会的機能及び情緒的機能・認知的機能の発達を損なう。それとともに、社会的および精神的健康上の困難と感情調節不全のリスクを高め、成人期に至っての健康を害する恐れのある行動の増加や、その結果としての身体疾患の発症などに結びつき、寿命を縮め早期死亡に至るのではないかといったメカニズムがあると、推測されている（Felitti et al., 1998 他）。また、小児期逆境体験は累積的な影響を与えること、すなわち小児期逆境体験の種類が多くなるほど，心身の健康の悪化や行動上の問題などの発達的に悪い結果の種類も数も多くなることを示しているが確認されている。

　具体的には、これまで積み上げてきた研究成果から、こうした体験の累積数の増加に伴って、成人期の心身の健康問題の出現率が比例して上昇することが、繰り返し確認されてきている。

　Felitti らの研究（小児期逆境体験の「ない」人と 4 つ以上経験している人との比較研究）によれば、身体疾患の発症について、何らかのがん：2.4 倍　慢性気管支炎／気腫：3.9 倍　脳梗塞：2.4 倍　虚血性心疾患：2.2 倍　健康リスク行動の出現について、アルコール依存：7.4 倍　違法薬物使用：4.7 倍　50 名以上との性的関係：3.2 倍　喫煙：2.2 倍　深刻な肥満：1.6 倍　抑うつ：4.6 倍　自殺企図：12.2 倍という結果が得られている（Felitti et al., 1998）。

　また、Anda らの研究（小児期逆境体験の「ない」人と 4 つ以上経験している人との比較研究）によれば、精神的な問題について、DV 加害のリスク：5.5 倍　怒りの制御困難：4.0 倍　記憶障害：4.4 倍　パニック反応：2.5 倍　不安症状：2.4 倍という結果が得られている（Anda et al.2006）。

厚生労働省が実施している児童養護施設入所児童等調査における「委託（入所）時の家庭の状況（養護問題発生理由・児童の被虐待経験の有無及び虐待の種類・委託〔入所〕時の保護者の状況）」をみるとわかるように、この結果は、社会的養護のもとで生活している多くの子どもは、虐待、ネグレクト、親の精神疾患、両親の離婚などを経験しており、小児期逆境体験の経験率は高いことを示唆していると推察できよう。

　したがって、小児期逆境体験によるネガティブな影響性を受けるリスクが高い子どもへの家庭的支援は大切であり、その影響性を緩和するポジティブな体験を提供することが重要である。

　すでに、レジリエンス（傷つきからの回復）に関する発達心理学的観点から、つぎに示したような小児期逆境体験によるネガティブな影響性を緩和するポジティブな「保護的・補償的体験（Protective and Compensatory Experiences: PACEs）」の研究がスタートしており、効果があることを明らかにしている。

◎小児期の保護的・補償的体験

　①誰かに無条件に愛されること（自分を養育してくれることに疑念を持たなくて済む体験）

　②援助や助言が必要なときに、信頼して頼ることのできる、親ではないおとながひとりは存在していること

　③十分な食事と清潔で安全な住居に住んでいること

　④家庭のなかに、明確で公平なきまりや約束ごとがあること

　⑤定期的な組織的なスポーツグループ（サッカー、野球等）や体育活動（体操、ダンス等）への参加体験

　⑥必要なことを教えてくれる学校に通学できていること

　⑦少なくともひとりの親友を持つこと（信頼し一緒に 楽しめる友人関係の体験）

　⑧定期的に誰かを援助した体験（病院や保育・福祉施設などでのボランテ

ィア）や、他者を援助するコミュニティでのプロジェクト（フードバンクや子ども食堂等）への参加体験

⑨ボーイスカウトやガールスカウト等の市民的・社会的な活動への活発な参加体験

⑩ひとりであるいはグループでおこなう熱中できる趣味（芸術的／創造的、知的なもの）を持つこと

　ここで紹介した小児期の保護的・補償的体験の内容は、児童自立支援施設などの施設で行っている支援に少なからず含まれている。Jennifer Hays-grudo，Amanda Sheffield Morris 著「小児期の逆境的体験と保護的体験−発達的視点から−」（2020）[1] で取り上げている施設での支援に関連するいくつかの保護的・補償的体験についての研究成果などを紹介し、その体験を踏まえた支援の意義や必要性について触れてみたい。

①誰かに無条件に愛されること

　「子どもたちが養育され，愛される必要があるだけでなく，その愛は無条件でなければならない。子どもたちは，愛されていることを感じ（feel），何があっても絶対に大切にされていることを知っていることが必要なのである。これは，子どもの行動の善し悪しに基づく条件付きの愛や受容とは明らかに対照的である」（Barber, 2002; Barber & Harmon, 2002,　p48）

　このように、「する・しない」「できる・できない」といった子どもの行動（doing）やパフォーマンスではなく、子どものそのままありよう（being）を尊重して愛することが求められている。こうした態度こそ、家庭的支援としての極めて重要な専門性の一つではないだろうか。

②援助や助言が必要なときに、信頼して頼ることのできる、親ではないおとながひとりは存在していること（メンターがいること）

　「親または主たる養育者が子どもに必要な愛やサポート、適切な行動の

制限を与えていない場合、信頼し頼りにできる大人がいるということはとくに重要である。コーチ、教師、あるいは親類は、問題を抱えた家族の子どもたちを保護し、不十分な養育に関連する多くのネガティブな結果を回避することが可能である」(Lerner et al., 2014; Woolley & Bowen, 2007, p50-51)

　子どもは、施設で落ち着いて生活できた理由の一つとして「寮長先生と寮母先生と生活をする中でぶつかったり、一緒に考えたり、いろんなことがありました。元気がない時など、いつも先生方はさりげない優しさで支えてくれました。緊張した時は笑わせてくれたり、優勝した時は、自分のことのように喜んでくれて嬉しかったです。ぶつかっただけ関係が深くなっていくのを感じました。ここで落ち着いて生活ができたのは、支えてくれた先生方、仲間がいたからです」(相澤仁「児童自立支援施設における子どもの適応要因に関する研究」司法福祉学研究第17号、2017、p18) とメンターの存在を挙げている。

③十分な食事と清潔で安全な住居に住んでいること

　子どもが健全に育成するためには、安全な住環境のある家で暮らし、生理的・基本的欲求が満たされることが必要である (Maslow, 1943)。また、これまでの研究で、脳の健康と発達には十分な栄養が必要であり重要であることは明らかにされてきた (Prado & Dewey, 2014)。さらに、多くの研究が、日常的に家族と一緒に夕食をとる子どもや若者は、肥満や薬物使用、学校の中退、その他の問題を経験するリスクが低いことを示しており、着目すべきである (Fulkerson et al., 2006)。

　施設においては、基本的に安全で清潔な住環境の中で、基本的欲求を満たす生活を保障するよう努めており、身体的・情緒的及び社会的な発達を促している。

④家庭のなかに、明確で公平なきまりや約束ごとがあること

　「幼い子どもに対して親は、就寝時間やその他のルーチンを確立して実

行し、子どもが間違った行為をしたときには軌道修正し，子どもが成長するにつれて自分の行動が他者に及ぼす影響について言葉で説明しなければならないことを意味している。規則正しい日課は，子どもたちがこれから何が起こるかを知り子どもたちが何を期待し，それを実行することによって快適さがもたらされることを知るのに役立つため，小児期にはとくに重要である」(Spagnola & Fiese, 2007, p54)

施設の支援において、職員は、「施設的・規則的支援」を重要な支援の一つとして認識しており、実施している（第5章参照）。

⑤定期的な組織的なスポーツグループ（サッカー、野球等）や体育活動（体操、ダンス等）への参加体験

「身体的活動は健康にとって重要である。身体的活動は、子どもたちがストレスの身体への生理学的影響に対処する助けとなり、気分や精神的健康を改善する」(K. R. Fox, 1999; Penedo & Dahn, 2005, p53-54)

多くの児童自立支援施設において、野球、サッカー、バレーボール、卓球、陸上競技など各施設の特徴あるスポーツ活動が展開されている。

⑥必要なことを教えてくれる学校に通学できていること

「安全で予測可能な家庭と同様に、明確で一貫した境界とルールを提供する環境で学び、教育を受ける機会を持つことは、子どもをリスクから保護することを可能にする。アクティブラーニングと熱心な教師、質の高いカリキュラムなど，ポジティブな学業経験のための資源と機会を持つことは、子どもたちが学ぶ上での助けとなる。学校でうまくやっていくことは、将来への扉を開き、後の学習とより多くの進路の機会をもたらす」(Lleras, 2008, p52)

児童自立支援施設には施設内の学校が併設されており、施設内学校への子どもの満足度について「満足」「少し満足」の満足群は75.8%と全体の4分の3にのぼっていた（第4章参照）。

上記のように、施設という環境のもとに、日常生活の中でのポジティブな保護的・補償的体験として子どもが主体的に味わい積んでいけるように家庭的・個別的に支援することが必要である。

　子どもとメンターとしての役割を担う職員との生活の営みの中で、温かなコミュニケーションや問題解決などを通して、愛し愛される・信頼し信頼されるといった人間関係を再体験して、子どもが基本的信頼関係（自己肯定感）を発達させるように支援することが重要である。

　また、児童自立支援施設が重要な支援として位置付けてきた、①基本的に安全で清潔な住環境の中で、基本的欲求を満たす生活を保障する生活の中の保護・生活環境づくり、②子ども集団での規則正しい生活及び遊びやスポーツを通して形成する健康的な生活習慣や社会性などを形成するための生活の中の養育・教育、③子どものニーズに応じた学習を展開し基礎学力などを形成するための学校教育との連携協働などにおいて、ポジティブな保護的・補償的体験が盛り込まれた支援を展開することが大切である。

　本書では、「家庭的」支援を検討するために、子どもへのアンケート調査及び職員へのヒアリング調査やアンケート調査を実施して、その分析結果に基づき、子どもにとって生活しやすい体験やうれしい体験など具体的な内容について示している。

　この内容は、子どもたちにどのようなポジティブな保護的・補償的体験を味わい、積んでもらうための具体的な体験が示されていると言えよう。

　子どもから見た生活のしやすさとして、「寮のみんなで楽しむことがある」「好きなことをする時間がある」「寮の先生たちが話を聞いてくれる」「自分用のスペースがある」「寮の先生は自分が頑張ったときにほめてくれる」「寮の先生は間違ったときに注意してくれる」「寮の先生が自分を理解してくれる」「寮の先生がトラブルを解決してくれる」といった内容が高いポイントであった（第3章参照）。

　こうした結果は、①子どもとともに生活することそのものが楽しいことを言葉や表情、しぐさなどで表現すること、②子どもの話をていねいに傾

聴すること、③子どもに温かなまなざしを注ぎ、ほめるときはほめ叱るときは叱ること、④子どもとのなにげない日常的な交流を通して理解を深めること、④トラブルや問題が生じた時には、怒鳴ったりせずに冷静沈着かつ穏やかに支援して解決を図ることなど、家庭的であたたかく応答性の質の高いあたりまえの支援を体験することの重要性を示していると言えるのではないだろうか。

　また、寮で実施している支援の中で子どもが「うれしい」と思う内容として、「手作りのおやつを作ってくれる」「一緒に遊んでくれる」「季節行事をしてくれる」「一緒に買い物に出かける」「一人ひとりのための誕生会を開く」「自分のアルバムを作ってくれる」などであり、80％以上のものが 29 項目中 14 項目（48.3％）であった。60％以上の内容は 22 項目（75.9％）であった（第 3 章参照）。

　こうした子どもがうれしいと思うポジティブな体験である具体的な家庭的支援を、子どもの状態をアセスメントしながら、できるところから少しずつ取り入れ増やしながら展開することが求められているのである。

　なお、小児期の逆境的体験の影響を受けている子どもには、過去の体験や大人に対する根強い不信感などから、どのようにコミュニケーションや交流をとってよいのかわからずに、困難を抱えていたり、混乱していたりする場合も少なくない。したがって、支援者はその子どもの状態について慮りつつ理解し、しなかやで諦めない姿勢で時間をかけて言語・非言語的メッセージを示し続けることが必要なのである。

　保護的・補償的体験という視点からみた課題としては、ボランティア活動などによる社会的貢献や、ボーイスカウト・ガールスカウト等の市民的・社会的な活動への参加体験（保護的・補償的体験の⑧や⑨）などが不足している点である。ある児童養護施設では、多機能化していく中で、子ども食堂を運営しており、子どもたちが自主的に参加して社会的貢献をしている。今後はこのような活動を推進して、社会的活動への参加体験などを積んでもらうことが必要である。

また、逆境体験による影響を受けている子どもの回復と治療においては、家庭的支援などによるアプローチとともに、トラウマフォーカスト認知行動療法などによる心理治療的アプローチを併用しながら、日常生活の質を向上させることが大切である。

　本書は、児童自立支援施設における家庭的支援について、実施した４つの調査について種々な視点からの分析結果に基づき、検討し言及した。一種類の児童福祉施設であるという限界はあるものの、社会的養護のもとで生活している子どもに対して、どのように家庭的支援を展開していけばよいのか、その具体的な支援の在り方について示唆する内容を提供できたのではないかと考えている。

　本書を手に取ってお読みいただいた方々に、この場を借りて御礼を申し上げますとともに、本書が子どもへの支援に少しでも参考になり、家庭的支援についてさらに深めるものとなることを願っていますし、参考になったとしたら幸甚に存じます。

　最後になりましたが、調査にご協力下さいました児童自立支援施設の子ども・職員の皆様に重ねて御礼を申し上げますとともに、本書の出版をお引き受けくださり、ご教示をいただいた生活書院の髙橋淳氏に心より深謝申し上げます。

【注】

1　ジェニファー・ヘイズ＝グルード、アマンド・シェフィールド・モリス著　菅原ますみ／他監訳　松本聡子／他訳「小児期の逆境的体験と保護的体験──子どもの脳・行動・発達に及ぼす影響とレジリエンス」明石書店　2022 年

［編著者紹介］

野田正人（のだ・まさと）

花園大学文学部卒業。

家庭裁判所調査官、花園大学文学部専任講師、同社会福祉学部助教授、立命館大学産業社会学部教授、同法科大学院教授（兼任）同大学院応用人間科学研究科教授（兼任）を経て、現在、立命館大学大学院人間科学研究科特任教授、同大学名誉教授。スクールソーシャルワーカースーパーバイザー、スクールカウンセラースーパーバイザー、児童相談段所アドバイザー、中国地区児童自立支援施設協議会専門委員会特別顧問。

著書に「司法福祉の焦点──少年司法分野を中心として』（編著、ミネルヴァ書房、1994 年）、『事件の中の子どもたち──「いじめ」を中心に』（共著、岩波書店、1995 年）、『よくわかるスクールソーシャルワーク [第 2 版]』（編著、ミネルヴァ書房、2016 年）など。

相澤 仁（あいざわ・まさし）

立教大学大学院文学研究科教育学専攻博士課程後期課程満期退学。専門は、子ども家庭福祉、 非行臨床。

現在、大分大学福祉健康科学部教授。日本福祉心理学会常任理事、日本子ども虐待防止学会理事、全国子どもアドボカシー協議会理事長、全国家庭養護推進ネットワーク共同代表、全国子ども家庭養育支援研究会会長、こども家庭庁児童虐待防止対策部会委員、こども家庭庁児童虐待等要保護事例の検証に関する専門委員会委員長などの役職を務めている。

編著書に『シリーズやさしくわかる社会的養護全 7 巻』（明石書店、2012 ～ 2014 年）、『社会的養護Ⅰ』（中央法規出版、2019 年）、『シリーズみんなで育てる家庭養護全 5 巻』（明石書店、2021 年）、『おおいたの子ども家庭福祉──子育て満足度日本一をめざして』（明石書店、2022 年）など。

岩田美香（いわた・みか）

北海道大学大学院教育学研究科博士課程修了、博士（教育学）。

北海道医療大学看護福祉学部専任講師、北海道大学大学院教育学研究院准教授などを経て、現在、法政大学現代福祉学部教授。スクールソーシャルワーカースーパーバイザー、児童養護施設スーパーバイザー。

著書に『現代社会の育児不安』（家政教育社、2000 年）、『現代社会と子どもの貧困——福祉・労働の視点から』（共編著、大月書店、2015 年）、『シリーズ子どもの貧困②　遊び・育ち・経験』（共著、明石書店、2019 年）、『いじめ・虐待・貧困から子どもたちを守るための Q & A』（共編著、生活書院、2019 年）、『家族問題と家族支援』（分担執筆、放送大学教育振興会、2020 年）、『子ども家庭福祉——子ども・家族・社会をどうとらえるか』（共編著、生活書院、2020 年）など。

板倉香子（いたくら・こうこ）

明治学院大学大学院社会学研究科社会福祉学専攻博士前期課程修了、日本女子大学大学院人間社会研究科社会福祉学専攻博士課程後期単位取得退学。修士（社会福祉学）。

洗足こども短期大学准教授などを経て、現在、和洋女子大学家政学部家政福祉学科准教授。

著書に『社会的孤立への挑戦——分析の視座と福祉実践』（共編著、法律文化社、2013 年）、『子ども家庭福祉——子ども・家族・社会をどうとらえるか』（共編著、生活書院、2020 年）、『「健康で文化的な生活」をすべての人に——憲法 25 条の探究』（共著、自治体研究社、2022 年）、『シリーズ今日から福祉職　押さえておきたい　地域福祉・社会福祉協議会』（分担執筆、ぎょうせい、2022 年）など。

［執筆者紹介］

福間麻紀（ふくま・まき）

北海道大学大学院教育学研究科修士課程修了、修士（教育学）。

相葉脳神経外科病院医療ソーシャルワーカー、北海道大学大学院教育学研究院附属子ども発達臨床研究センター学術研究員などを経て、現在、北海道医療大学看護福祉学部准教授。

著書に『いじめ・虐待・貧困から子どもたちを守るためのQ＆A』（共著、生活書院、2019年）、『子ども家庭福祉——子ども・家族・社会をどうとらえるか』（共著、生活書院、2020年）、『ソーシャルワークの理論と方法Ⅰ（共通）（最新・はじめて学ぶ社会福祉）』（共著、ミネルヴァ書房、2023年）など。

新藤こずえ（しんどう・こずえ）

北海道大学大学院教育学研究科博士課程修了、博士（教育学）。

現在、上智大学総合人間科学部准教授。

著書に、『知的障害者と自立』（生活書院、2013年）、『現代社会と福祉・労働・子どもの貧困』（共著、大月書店、2015年）、『現代アイヌの生活と地域住民』（共著、東信堂、2018年）、『シリーズ子どもの貧困④　大人になる・社会をつくる』（共著、明石書店、2020年）、『子ども家庭福祉——子ども・家族・社会をどうとらえるか』（共編著、生活書院、2020年）など。

栗田克実（くりた・かつみ）

北海道大学大学院教育学研究科修士課程修了、修士（教育学）。

旭川大学保健福祉学部助教、准教授、教授を経て、現在、旭川市立大学保健福祉学部教授。

論文に「都市部の過疎地域における住民ニーズ調査（第1報）—子育て環境の満足度と定住意向—（共著、『北海道地域福祉研究』第19巻、2016年）「中学生の生活意識と自己肯定感」（『旭川大学保健福祉学部研究紀要』11、2019年）など。

家村昭矩（いえむら・あきのり）
　明治学院大学社会学部社会福祉学科卒業。
　北海道立大沼学園長、北海道中央児童相談所所長、市立名寄短期大学教授などを経て、
　現在、名寄市立大学特命教授、社会福祉法人北海道家庭学校特別顧問。
　著書に『子どもの社会的養護』（共著、大学図書出版、2011 年）、『子ども家庭福祉　第
　3 版』（共著、健帛社、2017 年）など。

熊澤 健（くまざわ・けん）
　神奈川県立ひばりが丘学園、神奈川県立おおいそ学園、北海道立大沼学園勤務を経て、
　現在、横浜市こども青少年局向陽学園に勤務。

梶原 敦（かじはら・あつし）
　北海道大学工学部、国立武蔵野学院附属教護事業職員養成所卒業。
　厚生労働省児童福祉専門官、北海道中央児童相談所次長、国立きぬ川学院・北海道立
　大沼学園の各施設長などを歴任。
　著書に『社会的養護Ⅰ──「新しい社会的教育ビジョン」の理解に向けて』（共編著、
　同文書院、2022 年）など。

本書のテキストデータを提供いたします

　本書をご購入いただいた方のうち、視覚障害、肢体不自由などの理由で書字へのアクセスが困難な方に本書のテキストデータを提供いたします。希望される方は、以下の方法にしたがってお申し込みください。

◎データの提供形式＝CD-R、メールによるファイル添付（メールアドレスをお知らせください）。

◎データの提供形式・お名前・ご住所を明記した用紙、返信用封筒、下の引換券（コピー不可）および200円切手（メールによるファイル添付をご希望の場合不要）を同封のうえ弊社までお送りください。

●本書内容の複製は点訳・音訳データなど視覚障害の方のための利用に限り認めます。内容の改変や流用、転載、その他営利を目的とした利用はお断りします。

◎あて先
〒160-0008
東京都新宿区四谷三栄町 6-5 木原ビル 303
生活書院編集部　テキストデータ係

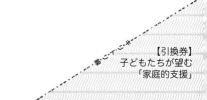

【引換券】
子どもたちが望む
「家庭的支援」

子どもたちが望む「家庭的支援」
——児童自立支援施設の職員と子ども調査から

発　行————— 2023 年 11 月 25 日　初版第 1 刷発行

編　者————— 野田正人・相澤 仁・岩田美香・板倉香子

発行者————— 髙橋　淳

発行所————— 株式会社　生活書院
〒 160-0008
東京都新宿区三栄町 17-2 木原ビル 303
Ｔ Ｅ Ｌ 03-3226-1203
Ｆ Ａ Ｘ 03-3226-1204
振替 00170-0-649766
http://www.seikatsushoin.com

印刷・製本—— 株式会社シナノ

Printed in Japan
2023 © Noda Masato, Aizawa Masashi, Iwata Mika, Itakura Koko
ISBN 978-4-86500-161-7